ふつうの材料だけで作る

新しい
おうちカフェ
スイーツ

megu'café

はじめに

現役パティシエとしてカフェでケーキを作りながら、
おうちで作りやすいお菓子のレシピを研究し、SNSで発信するようになって3年。
昨年出版した初めてのレシピ本『ふつうの材料だけで作る お店みたいなスイーツレシピ』は、
本当にたくさんの方に手に取っていただき、
『第11回 料理レシピ本大賞 in Japan』〈お菓子部門〉の準大賞をいただくことができました。

「作ってみました」「おいしかった！」の声を聞くのが、なによりうれしくて。
「手軽なのにおしゃれに仕上がる」「初心者でもお店みたいなスイーツができた」
という感想を続々といただき、さらにおいしく、かわいく、作りやすいお菓子を考えたい！
という気持ちがむくむく湧いてきました。
そしてこのたび、そんな思いを詰め込んだ2冊目の本ができあがりました。

使うのはスーパーやコンビニなど身近な場所で買える「ふつうの材料」。
おうちで再現しやすいよう、余分な工程をできるだけ省いた
「作りやすさ」を追求するのは変わらずに。

今回は、
・材料をできるだけぴったり使いきれるようなレシピに
・一つ一つの工程の目安がよりわかるように、工程写真を多めに
・リクエストが多かった、手軽でかわいい焼き菓子をたくさん掲載！
と、前回からパワーアップし、「おうちカフェ」にぴったりのレシピを
誰でも失敗なく作れるように工夫しました。

仕事が休みの日も、365日、ほぼ毎日お菓子を作っています。その理由は何よりも楽しいから！
次は何を作ろうかと夫と相談しながらメニューを決めるのも、
あれこれ試行錯誤しながら作っていく時間も。
かわいい見た目に仕上がったときのワクワクする気持ちや、好きなお皿に並べ、
好きなドリンクと一緒に食べる時間も、私にとってはすべてがお菓子作りの楽しさです。

かわいいお菓子ができあがったときの「できた！」という達成感は、
1日を幸せに締めくくってくれるはず。

簡単レシピなだけじゃない。簡単だけどお店レベルの仕上がりで、ちゃんとおいしい。
そしてなにより、とびきりかわいい！

そんな「新しいおうちカフェスイーツ」で、
みなさまのおうち時間が少しでも豊かになったらうれしいです。

megu'café
広瀬めぐみ + 広瀬 涼

Contents

2　はじめに
8　お菓子を作る「きほんの材料」／あると使える「便利な材料」
10　これさえあれば!「きほんの道具」／あると使える「便利な道具」
12　お菓子作りの「小さなコツ」
14　お菓子の型、ぜんぶ見せます!

part one
第1章
とにかく手軽な人気おやつ

part two
第2章
お店みたいな焼き菓子

16	デコレーションパウンドケーキ
18	焼きドーナツ
20	ミニチュロス
22	チョコチャンククッキー
23	チョコガナッシュクッキー
24	チョコブラウニー
25	グラスレアチーズ
26	いちごのレアチーズケーキ
28	生チョコクリームタルト
29	クレームブリュレ
30	ミルクパンナコッタ
31	コーヒーゼリードリンク
32	チョコレートムース
34	アップルパイ
36	ブリュレカスタードパイ
38	ミルフィーユ

44	アイスボックスクッキー
46	いちごの絞り出しクッキー
47	シュトロイゼル
48	スノーボールクッキー
49	ガレットブルトンヌ
50	フロランタン
52	ダックワーズ
56	レーズンサンドウィッチ
57	塩キャラメルガナッシュサンド
58	クッキーアイスサンド
60	レモンケーキ
64	アメリカンスコーン
65	アップルシナモンクランブルマフィン
66	カラメルバナナパウンドケーキ
70	スイートポテトタルト
71	キャロットケーキ

Part three
第3章
よろこばれる とっておきの お菓子

- 74 ハートチョコクランチ
- 75 ガナッシュトリュフ
- 76 ホワイトチョコレートマドレーヌ
- 80 ティグレ
- 81 カップガトーショコラ
- 84 カヌレ型ムースショコラ
- 85 生チョコバスクチーズケーキ
- 86 ミニカヌレ
- 88 ひとくちバスクチーズケーキ
- 90 かぼちゃスティックチーズケーキ
- 92 カップシフォンケーキ
- 94 ココアマカロン
- 98 カスタードエクレア
- 100 スイートポテトテリーヌ
- 102 チョコバナナのスコップケーキ
- 104 スクエアショートケーキ

Part four
第4章
組み合わせを 楽しむ スイーツ

- 108 レモンとはちみつのバスクチーズケーキ
- 110 黒ごまときなこのバスクチーズケーキ
- 112 ブルーベリークランブルチーズケーキ
- 114 桃とダージリンのチーズムース
- 116 かぼちゃの生ドーナツ
- 118 ピスタチオとホワイトチョコレートの ショコラテリーヌ
- 120 ほうじ茶と和栗のモンブランタルト
- 122 抹茶とマスカルポーネのロールケーキ
- 124 マンゴーヨーグルトプリン
- 126 チェリーとショコラのフォレノワール

Column

- 37 本格カスタードの作り方
- 40 「韓国風おうちカフェ」のコツ
- 51 「クッキー缶」の作り方
- 72 お菓子作りのQ&A
- 96 お菓子のかわいいラッピングアイデア
- 106 きほんのガナッシュの作り方

この本の決まりごと

- バターは無塩バターを使用しています。
- 生クリームは特に記載がない限り、乳脂肪分40％台のものを使用しています。
- チョコレートは基本的に板チョコ（ガーナ、明治など）を使っています。
- 粉糖は、特に記載がないものは「なかない」（溶けにくいもの）「なく」（一般的なもの）どちらのタイプを使っても構いません。
- ヨーグルト、ココアパウダーは無糖を使用しています。
- 野菜などの「正味」とは、皮や種を除いた分量です。
- オーブンの温度と時間は、電気オーブンでの目安です。機種や熱源によっても違いがあるため、焼き加減を見ながら調節してください。
- 電子レンジは特に記載がない限り、600Ｗで加熱しています。
- 各ページに記載している「保存期間の目安」は、作った日を含めての日数です。それぞれラップなどで包装、またはジッパー付き保存袋や密閉できる保存容器に入れて常温（15℃〜25℃目安）または冷蔵庫で保存した際の期間です。
- SNSで紹介しているレシピと材料や作り方が異なる場合がありますが、どちらも間違いではありません。

撮影 〰 松永直子
スタイリング 〰 久保田朋子
調理補助 〰 三好弥生　好美絵美
デザイン 〰 塙 美奈[ME&MIRACO]
DTP 〰 Office SASAI
校正 〰 文字工房燦光
編集 〰 瀬谷薫子　杉浦麻子[KADOKAWA]
撮影協力 〰 広瀬 涼、富澤商店（P.51『Candy缶 スクエア バニラ』）

お菓子を作る「きほんの材料」

お菓子作りに苦手意識のある方や、初めての方でも気軽にチャレンジ！
この本のお菓子は、スーパーなど身近で揃う材料で作れます。

①薄力粉
基本的に、小麦粉は「薄力粉」を使います（⇒ p.64、p.116のみ強力粉を使用）。中力粉や強力粉、米粉では膨らみや食感が変わることがあります。

②バター
本書で使うバターはすべて「無塩バター」。食塩が含まれている「有塩バター」はお菓子の味が変わるので避けて。マーガリンでの代用は不可です。

③卵
材料欄に記載の卵は、「M」または「L」サイズの想定。卵1個を割った状態で約55〜60gほどが目安です。

④油
お菓子に使う油は、味や香りにクセがなく、生地の味を邪魔しないものを。サラダ油、米油、太白ごま油がおすすめです。

⑤ベーキングパウダー
生地を膨らませるのに必要な材料。アルミニウムフリーのものを使います。重曹やイーストでの代用は不可です。

⑥牛乳
コンビニでも手に入る、いちばんベーシックな成分無調整の「牛乳」を使用。低脂肪や無脂肪タイプ、成分調整牛乳では仕上がりが変わってしまうので避けて。

⑦生クリーム
乳脂肪分40％台のものがおすすめ。泡立てやすく、コクのある味になります。30％台のものや植物性でも代用はできますが、あっさりした仕上がりになります。

⑧砂糖
すっきりした甘みのグラニュー糖、コクのあるきび砂糖、クッキーをサクサクにする粉糖の3種を使用。置き換えは可能ですが、多少仕上がりが変わります。

あると使える「便利な材料」

仕上げのデコレーション、色や風味を付ける材料も、
スーパーや100円ショップの製菓材料コーナーで手に入るものでOK！

①チョコレート
チョコレートは、すべて「板チョコ」でOK！ いちご味のチョコはスーパーになければ、製菓材料店やオンラインでも手に入ります。

②チョコペン
飾り用のチョコペンは100円ショップで。赤、青、黄、緑などさまざまな色があります。ホワイトチョコを混ぜ、好みの色合いに薄めて使うのもおすすめ。

③いちご、抹茶、ココアパウダー
生地に混ぜるだけでお菓子に色や風味がつくフレーバーパウダーは、アレンジに便利。メーカーごとに色味が多少変わるので、好みのものを選んで。

④洋酒、香料
ラム酒などの洋酒はお菓子にリッチな風味をプラス。熱耐性のある製菓用を選んで。バニラエッセンスはスーパー、バニラビーンズは製菓材料店にあります。

⑤レモン汁
ケーキの酸味付けに使うレモン汁。レモンを絞って使うのもいいですが、ボトル入りの果汁ならより手軽。保存もきくのでおすすめです。

⑥ガムシロップ
お菓子の仕上げに塗ると、ツヤが出てよりおいしそうな見た目に！ コーヒーなどに使う個包装のポーションタイプが使いやすいです。

⑦ビスケット
タルトのボトム用に、砕いて使うビスケット。甘みや油分が強すぎなければ種類はお好みでOK。私がよく使うのは「マリー」や「チョイス」です。

⑧粉糖
お菓子の仕上げにかける粉糖は、「なかないタイプ」「飾り用」と記載されたものを使うのがおすすめ。時間が経っても溶けず、見た目をきれいに保ちます。

きほんの材料／便利な材料

これさえあれば！「きほんの道具」

本書のお菓子を作るのに必要な、ベーシックな道具たち。
ひと通りのレシピに使えるので、揃えておけば安心です。

①ハンドミキサー
生クリームやメレンゲの泡立てに。泡立て器だと時間も手間もかかりますが、これを使えばスピーディー！ 失敗しらずでふわふわの仕上がりになります。

②スケール
お菓子作りを成功させるには、材料の正確な計量が必須。ベーキングパウダーなど少量で使うものに合わせて、1g単位から計れるものをおすすめします。

③絞り出し袋・口金
生クリームの絞りのほか、型に生地を流すときにも使えます。口金はデコレーションに必要。どちらも100円ショップで手に入り、大きめサイズが便利。

④ボウル
大と小、サイズ違いで2つはあると役立ちます。素材はなんでもOKですが、湯煎にかける際など、熱にも強いステンレス素材のものが重宝します。

⑤粉ふるい
ざるよりも網目の細かい「粉ふるい」は、ケーキ類やマカロンをふんわり焼き上げるのに必要なアイテム。生地の裏漉しにも使えるので、一石二鳥！

⑥めん棒
クッキーやタルト生地を薄く伸ばしたり、ボトムに使うビスケットを叩いたりするときに使います。素材はなんでも大丈夫です。

⑦泡立て器
材料を混ぜるのに欠かせない泡立て器。空気を含ませながら混ぜることができるので、ふんわり仕上げたいとき、卵を溶きほぐすときなどに幅広く使えます。

⑧ゴムベラ
「切るように混ぜる」「練り混ぜる」ときに便利。耐熱素材のものを選ぶと、湯煎でチョコを溶かす際など、火にかけながらも使えるので安心です。

⑨クッキングシート
お菓子を焼いたときに生地がくっつかないように敷くクッキングシート。ケーキ型や天板に敷いたり、クッキー生地を伸ばすときにも活躍します。

あると使える「便利な道具」

基本からもう一歩、よりきれいに本格的に仕上げるためにあると便利な道具たち。
失敗しづらく時間の短縮にもなるので、初心者の方にこそ実はおすすめです！

①耐熱ガラスボウル
電子レンジで加熱できる、汎用性のあるボウル。バターやかぼちゃ、さつまいものレンチンなど、加熱から調理までワンボウルでできて便利。

②茶こし
お菓子の仕上げの粉糖やココアなど、パウダーを振りかけるときに使います。ムラなくきれいにまぶせるだけで、見た目の印象が一段上がります。

③ハケ
お菓子にツヤを出すガムシロップや、パイを焼き上げる前に塗る卵黄は、ハケを使うとムラなくきれいに伸ばせます。

④カード
スコーンやドーナツ生地などを分割、成形するときに生地を傷めずに扱うためのアイテム。包丁でも代用できますが、カードがあるとよりスムーズ。

⑤フードプロセッサー
材料を粉砕するのや混ぜ込むのに。ボトム作りはもちろん、クッキー生地はこれがあれば、スイッチひとつであっという間にできあがります！

⑥パレットナイフ
ケーキのクリームを滑らかに塗りつけるためのアイテム。ゴムベラでも代用できますが、仕上がりの綺麗さと作りやすさは歴然の差！

⑦ケーキナイフ
スポンジやパイ生地のスライスなど、繊細なお菓子を切り分けるときに使います。ホールケーキが切り分けられるよう、刃は長いものを選ぶとベター。

⑧竹串
ケーキの焼け具合を刺して確かめるのに便利。箸では太く、爪楊枝では短いので、意外となくてはならない存在！

⑨温度計
温度管理が必要なお菓子に。特にチョコの湯煎（60℃）や、ドーナツやチュロスの揚げ油（170℃）など熱いものをはかるときに必須。成功を後押ししてくれます。

お菓子作りの「小さなコツ」

お菓子作りは失敗しやすいというイメージがある人も多いはず。
でも、コツさえ押さえれば大丈夫！ 工程ごとのワンポイントを教えます。

下準備

型にクッキングシートを敷く

丸型は底（丸）と側面（帯状）の形にシートを切って油で貼り、パウンドやスクエア型は図のように切り込みを入れて折り込みます。

型にバターや油を塗る

クッキングシートが敷けない型には溶かしバターや油を塗ることで、生地のくっつきを防止。焼き上がりの見た目がきれいです。

ボトムをしっかり固める

粉々にしたビスケットに溶かしバターを混ぜて作るボトム。グラスなどで強く押し付けながら少しずつ成形するときれいに。

ゼラチンはお湯で溶かす

しっかり熱いお湯を使うと、ダマにならずふやかせます。また、水分を加えたらすぐにしっかり混ぜると失敗しません。

チョコは湯煎で溶かす

直火にあてず、湯煎で溶かすのがポイント。お湯は沸騰させず、60℃程度に保つのが、なめらかに溶かすコツ。

チーズとバターは常温に戻す

クリームチーズとバターは、使う数時間前（冬場は前日）から常温に出しておくと柔らかくなり、混ぜるときに分離しづらくなります。

作るとき

使う道具はレシピに忠実に

工程に「泡立て器」「ゴムベラ」と記載があるときはその道具を使ってください。ささやかでも、生地の仕上がりが変わります。

メレンゲはしっかり固めに

生地にふんわり感を出すメレンゲは、基本的にしっかり泡立てます。ミキサーを持ち上げてピンと角が立ち、倒れないくらいがベスト。

生クリームは用途に合う固さに

6分立ては角がゆるく立つ程度、9分立ては小さな角がいくつも立つ固さ。生地に混ぜるかデコレーションか、用途に合わせます。

できあがり

焼く前に「トントン」する

型に流し込んだ生地は、焼く前にトントンと数回落として余分な空気を抜くのがポイント。気泡が消えて生地が均一に焼き上がります。

焼けたらすぐ型から外す

焼き上がった後も、型の余熱で生地に火が入っていきます。火の通しすぎでパサつかないよう、早めに型から取り出しましょう。

切り分けは温めたナイフで

生菓子などのやわらかいケーキは、ナイフの刃をコンロで炙り、温かい刃を差し込んで。クリームがゆるみ、きれいに切れます。

お菓子の型、ぜんぶ見せます!

定番から個性派まで、この本ではいろんな型のお菓子を紹介しています。
シリコン製は生地が取り出しやすく、初心者さんにもおすすめです!

大型スーパー、製菓材料店など

①シリコンモールド スクエア型 ⇒ p.16
5×5cm四方のケーキが焼ける。

②シリコンモールド ドーナツ型 ⇒ p.18
約26×18cmのシリコン製焼きドーナツ型。

③18cmタルト型 ⇒ p.34 ほか
ケーキやタルト、パイに使える型。

④マフィン型 ⇒ p.36 ほか
約26×18cmのベーシックなマフィン型。

⑤レモンケーキ型 ⇒ p.60
約27×19cmのレモンケーキ型。

⑥シリコンモールド ハート型 ⇒ p.74
約3cmのハート型が作れる。

⑦シリコンモールド マフィン型 ⇒ p.80
取り出しやすいシリコンタイプ。

⑧シリコンモールド ミニカヌレ型 ⇒ p.84
約9×9cmで4個取りのカヌレ型。

100円ショップ

⑨15cm丸型 ⇒ p.26 ほか
ケーキやタルトに。底が抜けるタイプが◎。

⑩ココット型 ⇒ p.29
直径約8cm、プリンなどの生菓子に。

⑪パウンドケーキ型 ⇒ p.66 ほか
約18×8cmのベーシックなパウンド型。

⑫スクエア型(DAISOケーキ焼型) ⇒ p.90 ほか
23cm四方のスクエア型。

⑬マドレーヌ型
(DAISOシリコーン ベーキングトレー) ⇒ p.76
4個取り、シリコン素材のマドレーヌ型。

富澤商店

⑭ミニカヌレ型
(CHEFMADE『ミニカヌレ天板12個取』) ⇒ p.86
約25×19cm。通常のカヌレ型のミニサイズ版。

14 ※DAISO、富澤商店の商品は店舗により在庫が異なります。各店舗にお問い合わせください。

part one

第1章
とにかく手軽な人気おやつ

ホットケーキミックスでできるドーナツにチュロス、
オーブンいらずで作れるクッキーやケーキなど、材料も工程も
手間いらず。だけどもちろん、味と見た目はお店レベル！
初心者さんでも失敗なしのベストレシピです。

ホットケーキミックスで

ホットケーキミックスで、基本材料を混ぜる手間をカット！
あっという間に絶品おやつができあがります。

Part one 01 ＼ホットケーキミックスで／
デコレーションパウンドケーキ

冷蔵で **2日**

かわいすぎるカラフルなミニパウンドは、外側カリッと、中はしっとり。
基本の生地に具材を足せばアレンジ自在！ 好みのフレーバーを楽しんで。

【材料】 5×5cmのシリコンモールド スクエア型(⇒p.14)8個分
【プレーン生地】
卵 〜 2個
グラニュー糖 〜 60g
サラダ油 〜 60g
ホットケーキミックス 〜 150g
【仕上げ】
粉糖 〜 80g
水 〜 10g
タイムなど好みのハーブ 〜 少々（あれば）
【アレンジ】
ショコラ生地(8個分)
　ココアパウダー 〜 5g
　チョコレート(仕上げ用) 〜 150g
　ナッツ(仕上げ用) 〜 少々（好みで）
抹茶生地(8個分)
　抹茶パウダー 〜 5g
　ホワイトチョコレート(仕上げ用) 〜 150g
　抹茶パウダー(仕上げ用) 〜 5g
紅茶生地(8個分)
　紅茶葉(細かくしたもの) 〜 2g
　ホワイトチョコレート(仕上げ用) 〜 150g
　紅茶葉(細かくしたもの/仕上げ用) 〜 4g

【下準備】
・型に溶かしバター（分量外）または油（分量外）を塗る。
・オーブンを180℃に予熱する。

【作り方】
〖 生地を作る 〗
1. ボウルに卵、グラニュー糖を加えて泡立て器ですり混ぜる。サラダ油、ホットケーキミックスの順に加えて混ぜる。
2. プレーン生地はそのまま、ショコラ、抹茶、紅茶生地はココアパウダー、抹茶パウダー、紅茶葉をそれぞれ加え、よく混ぜるⓐ。
3. 2を絞り袋に入れ、型の3分目まで絞るⓑ。
4. 180℃のオーブンで約20分、竹串で刺して生地がつかなくなるまで焼き、すぐに型から外す。

〖 仕上げる 〗
5. プレーンは粉糖に水を少しずつ加えて好みの固さのアイシングを作る。ショコラはチョコレート、抹茶と紅茶はホワイトチョコレートを湯煎で溶かす。抹茶は溶かしたホワイトチョコレートに抹茶パウダーを、紅茶は茶葉を混ぜる。
6. 粗熱がとれた4の上に5をのせ、好みでナッツやパウダー、ハーブ（あれば）を飾る。

memo 同量で、18×8cmのパウンド型 (⇒ p.14) 約1本分のケーキが作れます。

生地を2等分して半量をショコラにするなど、好みでアレンジOK！

絞り袋だときれいに流し込めますが、なければスプーンでも

[材料] シリコンモールド ドーナツ型(⇒p.14)1台(6個)分
【プレーン生地】
卵～85g(約1½個分)
グラニュー糖～30g
バター～30g
牛乳～70㎖
ホットケーキミックス～100g
【ココア生地】
ココアパウダー～10g
【仕上げ】
チョコレート～75g(好みのもの)
ココナッツファイン～少々
チョコペン～1本(好みのもの)

[下準備]
・バターを電子レンジで溶けるまで加熱し、溶かしバターを作る。
・型に溶かしバター(分量外)または油(分量外)を塗る。
・オーブンを180℃に予熱する。

[作り方]
〚 生地を作る 〛
1 ボウルに卵、グラニュー糖を加えて泡立て器ですり混ぜる。
2 1に溶かしバター、牛乳、ホットケーキミックスを加えて混ぜる。生地を2等分にし、半量にはココアパウダーを加えてココア生地にする。
3 2をそれぞれ3つずつ型に流し入れⓐ、180℃のオーブンで15～20分、竹串を刺して生地がつかなくなるまで焼き、熱いうちに型から外す。

〚 仕上げる 〛
4 粗熱がとれたら湯煎で溶かしたチョコレートを付けⓑ、好みでココナッツファインやチョコペンで飾る。

memo お好みで、プレーンまたはココア生地のどちらかだけで作っても。トッピングには、フリーズドライのいちごやナッツもかわいくておすすめ。

絞り袋を使うとよりきれいに流し込めます!

チョコレートが温かいうちにドーナツをディップして

Part one 02 \ホットケーキミックスで/
焼きドーナツ

揚げずに焼くだけ、簡単な上に罪悪感なし！ 焼きたてはふんわり、
時間をおけばしっとり食感。デコレーションでカフェみたいな仕上がりに！
プレーンとココア、2つの味が作れます。

常温で

2日

Part one 03 \ホットケーキミックスで/
ミニチュロス

常温で
当日中

韓国カフェで人気のチュロスをとことん手軽に再現。
揚げたてのカリもち食感は、手作りならでは!
チョコソースとシナモンシュガー、2種の味を楽しんで。

【材料】長さ8cmで約15個分

【生地】
A | バター 〜 30g
  | グラニュー糖 〜 5g
  | 水 〜 120ml
ホットケーキミックス 〜 60g
卵 〜 20g (約⅓個分)

【仕上げ】
チョコレート 〜 50g
牛乳 〜 50ml
きび砂糖、シナモンパウダー 〜 各適量

【下準備】
・チュロスひとつひとつをのせるためのクッキングシート(耐熱のもの)を切り分けておく。

【作り方】

〚 生地を作る 〛

1 Aを小鍋に入れて中火にかけ、バターを溶かす。
2 沸騰したら火を止め、ホットケーキミックスを加え、ゴムベラで練り混ぜるⓐ。
3 粉気がなくなったら、熱いうちに溶きほぐした卵を少しずつ入れてよく混ぜるⓑ。
4 3を絞り袋に入れ、クッキングシートの上に8cm長さの直線、または好みの形で絞るⓒ。
5 フライパンに2cmの油を敷き、170℃に熱して、クッキングシートごと片面2〜3分ずつ、きつね色になるまで揚げるⓓ。

〚 仕上げる 〛

6 きび砂糖に少量のシナモンパウダーを混ぜ、揚げたてのチュロスにまぶす。
7 チョコレートと牛乳を電子レンジで20〜30秒(チョコレートが溶けるまで)加熱して混ぜ、チョコソースを作る。

memo 絞り袋の口金はなくてもOKですが、星型で絞るとよりチュロスらしい見た目に!

ⓐ マッシュポテト状になるまで練ることで、もっちりした生地に

ⓑ 卵の量は生地に合わせて調整を。もったり固めの生地が目安

ⓒ 口金は2cm以上の太めがおすすめ。リボン型やハート型もかわいい!

ⓓ クッキングシートは自然にはがれます。こんがりしたら裏返して

ホットケーキミックスで

| オーブン いらずで | 試作を重ねて辿りついた、オーブンいらずの焼き菓子とケーキ。手軽さを感じさせない味にきっと驚くはず！ |

Part one 04 \トースターで/
チョコチャンククッキー

常温で **5日**

このしっとりした食感は、トースターならでは。コーヒーとの相性が最高！

材料 10枚分
- バター —— 140g
- グラニュー糖 —— 180g
- バニラビーンズペースト
   —— 少々（あれば）
- 塩 —— 4g
- 卵 —— 1個
- A 薄力粉 —— 180g
   　全粒粉 —— 60g
   　　（なければ同量の薄力粉）
   　ベーキングパウダー —— 4g
- チョコレート —— 50g

下準備
・バターは室温に戻す。
・Aをふるう。
・天板にクッキングシートを敷く。

作り方

1. バターにグラニュー糖、バニラビーンズペースト、塩を加えてゴムベラで混ぜ、卵を加えてしっかり混ぜる。
2. 1にAと刻んだチョコレートを加え、ゴムベラでまとめる。ラップにくるみ、冷蔵庫で1時間冷やす。
3. 冷えた2を10等分にして丸め、再び冷蔵庫で冷たくなるまで冷やす。
4. 3を垂直につぶして@、厚さ1cmほどの円形にし、アルミバットかアルミホイルの上に間をあけて並べる。
5. トースターを170℃（または600W、中温設定）にし、予熱のため3分空焼きしてから10分前後焼く。

memo トースターにより焼き時間に振れ幅があります。焦げないよう見守りながら、平たくなり、こんがり焼き目がつくまで焼いてください。オーブンで焼く場合は、170℃で15分を目安に。

スプーンの背でつぶすと、きれいな丸型に

Part one 05 ＼トースターで／
チョコガナッシュクッキー

SNSで大人気だったレシピを、トースターで作れるようにアップデート！

冷蔵で **2日**

材料 10個分
【生地】
バター ～ 70g
グラニュー糖 ～ 50g
卵 ～ 25g（約½個分）
A ┌ 薄力粉 ～ 100g
　　│ ココアパウダー ～ 20g
　　└ ベーキングパウダー ～ 3g
【簡単チョコガナッシュ】
チョコレート ～ 50g
生クリーム ～ 50ml

下準備
・バターを電子レンジで溶けるまで加熱し、溶かしバターを作る。
・**A**をふるう。
・天板にクッキングシートを敷く。

作り方
〖 生地を作る 〗
1 溶かしバターにグラニュー糖を加えて泡立て器ですり混ぜ、卵、**A**を順に加えてゴムベラでよく混ぜる。ラップにくるみ、冷蔵庫で1時間冷やす。
2 **1**を10等分して丸め、バットに並べて冷凍庫に入れて30分以上、ガチガチに固まるまで冷やす。
3 トースターを170℃（または600W、中温設定）にして予熱のため3分空焼きし、**2**を固まったままバットやアルミホイルの上に間隔をあけて並べ、15～20分焼く。
4 粗熱がとれたら上部に指で穴を開け⒜、そのまま1時間以上おき、余熱で中まで火を通す。

〖 簡単チョコガナッシュを作る 〗
5 チョコレートを電子レンジで約30秒加熱して、生クリームを加えてさらに約50秒加熱して、混ぜ合わせ、絞り袋に入れる。

〖 仕上げる 〗
6 **4**の穴に、**5**を温かいうちに絞り、ガナッシュが固まるまでおく。

ガナッシュが絞れるくらいの穴を、指やスプーンの柄で開けます

Part one 06 ＼レンチンで／ チョコブラウニー

冷蔵で **2日**

混ぜて焼くだけ！ ザクザクしっとり、焼きチョコみたいな味わいです。

【材料】12×16cmの耐熱皿1台分

【生地】
- チョコレート 〜 100g
- バター 〜 40g
- 卵 〜 25g（約½個分）
- A｜薄力粉 〜 50g
  ｜きび砂糖 〜 20g
  ｜ベーキングパウダー 〜 2g

【トッピング】
- ドライオレンジ、ローストくるみ、
  粉糖（なかないタイプ）〜 各適量

【下準備】
・Aをふるう。
・耐熱皿にクッキングシートを敷く。
・チョコレートは粗く刻む。

【作り方】

1 チョコレートとバターを湯煎で溶かし、泡立て器で混ぜ合わせる。卵も加えてしっかり混ぜるⓐ。

2 1にAを加え、ゴムベラで切るように混ぜる。耐熱皿に流し、好みでドライオレンジやローストくるみをのせ、電子レンジで4〜5分加熱するⓑ。足りなければ1分ずつ追加で加熱する。

3 粗熱がとれたら冷蔵庫で5時間以上冷やし固め、粉糖をまぶす。

memo 4cm程度の深さのある耐熱皿のほうが生地に厚みが出て、リッチな見た目に。

卵が分離しやすいので、しっかり混ぜ合わせて

竹串を刺して生地がついてこなければOK！

グラスレアチーズ

Part one 07 ＼冷やすだけ／

冷蔵で **当日中**

混ぜて固めるだけ！　ふわふわチーズに、甘酸っぱいジャムがベストマッチ。

[材料] 直径8×高さ6cmのグラス3個分

【ボトム】
- ビスケット……80g
- バター……50g

【チーズクリーム】
- **A** クリームチーズ……200g
  - グラニュー糖……70g
  - ヨーグルト……60g
- **B** 粉ゼラチン……5g
  - お湯……50ml
- 生クリーム……100ml

【仕上げ】
- ジャム（ブルーベリーなどお好みで）……適量
- タイムなど好みのハーブ……少々（あれば）

[下準備]
- バターを電子レンジで溶けるまで加熱し、溶かしバターを作る。
- クリームチーズは室温に戻す。
- 生クリームは6分立て（⇒ p.13）にする。

[作り方]

[[ボトムを作る (⇒ p.12)]]

1 ビスケットを細かく砕き、溶かしバターを加えてまとめ、グラスの底に敷き詰める。

[[チーズクリームを作る]]

2 **A**を泡立て器で混ぜる。

3 2に、混ぜ合わせた**B**を入れてよく混ぜ、6分立ての生クリームを加え、空気を入れるようにふんわり混ぜるⓐ。

4 グラスに3等分して流し込み、トントンと数回落として空気を抜き、冷蔵庫で3時間以上冷やす。仕上げにジャムをのせ、好みでハーブを飾る。

生クリームの泡を潰さないよう、力を入れすぎずふんわりと混ぜて

オーブンいらずで

Part one 08 \冷やすだけ/
いちごのレアチーズケーキ

濃厚なチーズフィリングと、いちごの酸味がベストバランス。
特別感のある見た目は、おもてなしのデザートにもぴったり！

冷蔵で
当日中

ⓐ 外側にいちごの断面がくるように並べます

ⓑ 切るときに断面が見えるよう、いちごの中心に印をつけます

ⓒ 型から外しても印が残るよう、生地へのマーキングを忘れずに！

ⓓ レンジでチンした濡れぶきんで型を覆い、温めると抜きやすい

[材料] 15cm丸型(⇒p.14) 1台分

【ボトム】
ビスケット 〜 80g
バター 〜 40g

【チーズクリーム】
クリームチーズ 〜 200g
グラニュー糖 〜 80g
ヨーグルト 〜 90g
A│ゼラチン 〜 6g
 │お湯 〜 40ml
生クリーム 〜 150ml
いちご 〜 1パック(約12個)

[下準備]
・バターを電子レンジで溶けるまで加熱し、溶かしバターを作る。
・クリームチーズは室温に戻す。
・型に溶かしバター(分量外)または油(分量外)を塗る。

[作り方]

〚 ボトムを作る(⇒p.12) 〛

1 ビスケットを細かく砕き、溶かしバターを加えてまとめ、型の底に敷き詰める。

〚 チーズクリームを作る 〛

2 クリームチーズにグラニュー糖を加えて泡立て器ですり混ぜ、ヨーグルトを加えて混ぜる。

3 混ぜ合わせたAと生クリームを2に加え、泡立て器で混ぜる。

4 1の型の周りに縦半分にしたいちごを並べⓐ、3を半量ほど底面に流してから、中央にもいちごを並べる。

5 カットしたときにいちごの断面が見えるよう、型にペンで印をつけてからⓑ、3の残りを流し、表面をゴムベラなどで平らに整えてから、冷蔵庫で5時間以上冷やす。

〚 仕上げる 〛

6 型を外す前に、竹串でケーキにも印をつけⓒ、型を温めてからⓓ、底をコップなどで押しながら型を抜く。印に合わせて切る。

オーブンいらずで 27

材料
5つ以下で

思い立ったらすぐできる！
最小限の材料でお店レベルに仕上がる、
コスパ＆タイパ最強なスイーツを集めました。

Part one 09 生チョコクリームタルト

冷蔵で
当日中

濃厚な生チョコとたっぷりのクリームが2層になって、なんとも贅沢。
特別な日にもよろこんでもらえるはず！

【材料】 15cm丸型(⇒p.14) 1台分

【ボトム】
ビスケット 〰 180g
バター 〰 100g

【ガナッシュ】
チョコレート 〰 200g
生クリーム 〰 160mℓ

【仕上げ】
生クリーム 〰 140mℓ
タイムなど好みのハーブ
　〰 少々 (あれば)

【下準備】
・バターを電子レンジで溶けるまで加熱し、溶かしバターを作る。
・型にクッキングシートを敷く(⇒p.12)。

【作り方】

〚 ボトムを作る(⇒p.12) 〛

1　ビスケットを粉々に砕き、溶かしバターを加えてまとめ、型の底と側面を固める ⓐ。

〚 ガナッシュを作る(⇒p.106) 〛

2　湯煎で溶かしたチョコレートに、弱火で温めた生クリームを加え、やさしく混ぜ合わせる。

3　2を1の型に流し込み、冷蔵庫で3時間以上固める。

〚 仕上げる 〛

4　生クリームを9分立て(⇒p.13)にし、3の上にのせ、平らにならす。好みでハーブを飾る。

ⓐ 高さのあるふち部分は、グラスの側面を型に押し付けて固めます

Part one 10 クレームブリュレ

冷蔵で 当日中

材料4つでお店レベルの完成度。表面の焦げ目は、熱したスプーンで簡単に！

【材料】 **直径8cmのココット型**(⇒p.14)4個分
卵黄 〰 3個分
グラニュー糖 〰 50g
生クリーム 〰 200ml
牛乳 〰 60ml
【仕上げ】
グラニュー糖 〰 適量

【下準備】
・オーブンを150℃に予熱する。

【作り方】
1 卵黄にグラニュー糖を加え、泡立て器で白っぽくなるまですり混ぜる。
2 小鍋に生クリームと牛乳を入れて弱火にかけ、沸騰しない程度に温めながらかき混ぜる。
3 1に2を加えて混ぜ、ココットにピッチャーやおたまで等分に注ぐⓐ。
4 ココットに焦げないようアルミホイルをかぶせ、バットに置いて熱湯を1cm注ぎ、150℃のオーブンで40〜45分、湯煎焼きする。
5 粗熱がとれたら冷蔵庫で3時間以上冷やし、表面の水滴をペーパータオルでとってから、グラニュー糖を全体にまぶす。
6 コンロで熱したスプーンの背を表面にあて、焦げ目をつけるⓑ。

ブリュレ液は、温かいうちに流し込み、焼きあげるのがポイント

カンカンに熱するのが焦げ目をつけるコツ。バーナーならより手軽に

材料5つ以下で

ミルクパンナコッタ

Part one 11

冷蔵で **2**日

生クリームたっぷり、コクがあるのに後味はすっきり。
ぷるんと固めでなつかしい味です。

【材料】 直径8×高さ6cmのグラス4個分
【パンナコッタ液】
牛乳 〜 200㎖
生クリーム 〜 200㎖
グラニュー糖 〜 80g
粉ゼラチン 〜 4g
【仕上げ】
ジャム（マーマレードなどお好みで） 〜 適量

【作り方】
〚 パンナコッタ液を作る 〛
1 小鍋に牛乳と生クリームを入れて沸騰しない程度の弱火にかけ、ふつふつしてきたらグラニュー糖、粉ゼラチンを加えて溶かすように混ぜる。
2 グラスに等分に流し、冷蔵庫で3時間以上固める。
〚 仕上げる 〛
3 小鍋に湯を沸かし、グラスの底を数秒つける ⓐ。グラスのふちのすき間に竹串を刺し ⓑ、お皿に被せてひっくり返す。好みのジャムを上にのせる。

memo グラスから外すひと手間でよりかわいく！ もちろん、外さずにそのままでも召し上がれます。

温めることで生地がゆるみ、グラスとの間にすき間ができます

グラスを傾けながら竹串を刺すと、つるんと全体が外れます

Part one 12 コーヒーゼリードリンク

写真映えも最高な、簡単カフェドリンク。
ほろ苦いコーヒーがアイスの甘さを引き立てます。

当日中

【材料】2人分
【コーヒーゼリー液】
コーヒー（無糖）〜350㎖
グラニュー糖〜20g
粉ゼラチン〜5g
【仕上げ】
牛乳〜300㎖（好みで調整）
バニラアイスクリーム〜1カップ

【作り方】
〚 コーヒーゼリー液を作る 〛
1 小鍋にコーヒーを注いで弱火にかけ、グラニュー糖、粉ゼラチンを加えて混ぜながら溶かす。
2 1をボウルに移し、粗熱がとれたら冷蔵庫に入れて2〜3時間冷やし固める。
3 固まった2を泡立て器でほぐしたらⓐ、グラスに2等分して注ぐ。
〚 仕上げる 〛
4 3に牛乳を適量注ぎ、バニラアイスクリームをのせる。

ⓐ
細かくほぐすと、口当たりよく滑らかになります

材料5つ以下で

Part one 13 チョコレートムース

冷蔵で **2日**

ゼラチンを使わない生クリーム仕立てのムースは、とろっと感動的な口溶け。簡単なグラス入りと、セルクル型・チョココーティングで作る上級者向けをご紹介。

【材料】直径8×高さ6cmのグラス、または直径6cmのセルクル型3個分

【チョコレートムース】
A| チョコレート 〜 100g
　| 生クリーム 〜 100㎖
生クリーム（6分立て）〜 100㎖分

【チョココーティング】
チョコレート 〜 100g
油 〜 20g
アーモンドダイス 〜 15g（お好みで）

【仕上げ】
生クリーム 〜 適量
ココアパウダー、ミントなど好みのハーブ 〜 適量（あれば）

【作り方】

〖 チョコレートムースを作る 〗

1　Aでガナッシュを作る。湯煎で溶かしたチョコレートに弱火で温めた生クリームを加え、やさしく混ぜ合わせ（⇒p.106）人肌程度に冷ます。

2　1に6分立ての生クリームを加え、泡立て器で空気を入れるように混ぜる ⓐ。

3　グラス、またはセルクル型に流し込む。グラスは冷蔵庫で3時間冷やして仕上げ用の9分立て（⇒p.13）にした生クリームとココアパウダーを飾り、完成。セルクル型は冷凍庫で4時間以上冷やす。

〖 セルクル型・チョココーティングを作る 〗

4　チョコレートを湯煎にかけて溶かし、油、アーモンドダイスを入れて混ぜる。

〖 セルクル型・仕上げ 〗

5　温めた布巾でセルクル型を包んで ⓑ、温めながら底を押し上げるようにして型からムースを取り出し、バットにのせる。

6　5の上から4を一気にかけ、全体がチョコで覆われるようにする ⓒ。冷蔵庫で冷やし、チョコを固める。

7　仕上げ用の生クリームを9分立てにして飾り用のクリーム（クネル）を作り ⓓ、6の上にのせ、好みでハーブを飾る。

泡を潰さないようにふんわり混ぜて、ムース状にします

ムースの周りが熱でゆるんだら、すばやく型から外して

ムースが冷たいうちにグラサージュをかけるのがポイント

熱湯で温めたスプーンのふちで、生クリームを楕円状にすくいます

材料5つ以下で 33

冷凍パイ
シートで

難易度高めなレシピも、パイシート生地を使えば手間なし！
お店みたいな見栄えのパイもおうちで簡単にできちゃいます。

Part one 14 アップルパイ

バターとシナモンが香る、みんな大好きな王道の味。
焼き立てにアイスをのせながら食べるともう至福。

常温で
2日

[材料] 18cmタルト型(⇒p.14)1台分

【りんごソテー】
りんご 〰 2個
グラニュー糖 〰 50g
バター 〰 20g
シナモンパウダー 〰 適量(好みで)

【パイ生地】
冷凍パイシート(約20×20cm) 〰 2枚
卵黄 〰 1個分

【仕上げ】
アイスクリーム(バニラなどお好みで) 〰 適量

[下準備]
・型に溶かしバター(分量外)または油(分量外)を塗る。
・オーブンを200℃に予熱する。
・パイシートは成形できるくらいの半解凍状態にする。

[作り方]

〖 りんごソテーを作る 〗

1 りんごは皮をむいて5mm厚さのいちょう切りにし、グラニュー糖、バターと合わせて小鍋に入れて弱火にかけ、しんなりするまでソテーして、仕上げにシナモンパウダーをふりかけ、粗熱をとる。

〖 パイ生地を作る 〗

2 パイシートは1枚をタルト型より一回り大きくめん棒で伸ばし、型に敷き込み、余分なパイはカットする。底面にフォークで穴を開けⓐ、1を入れる。

3 もう1枚のパイシートはめん棒で約2〜3mmの厚さに伸ばし、1cm幅の帯状にカットする。格子状になるよう2の上にかぶせ、残りのパイ生地はねじりながら細長く伸ばしⓑ、パイの周りにぐるりと飾り、フォークで模様をつけるⓒ。表面に卵黄を塗り、200℃のオーブンで20〜30分焼く。

〖 仕上げる 〗

4 粗熱がとれたらカットし、好みでアイスクリームを添える。

memo パイシートは常温に10分ほど置いてから使うと、伸ばしたり成形したりしやすいです！

ⓐ 全体に穴を開けることで、パイに均一に火が通ります

ⓑ まな板に生地をのせ、手のひらでねじりながら引っ張っていきます

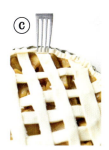
ⓒ ふちに線の模様をつけると、より本格的な見た目に！

Part one 15 ブリュレカスタードパイ

冷蔵で **2**日

手のひらサイズに詰まったおいしさ。
とろっとしたブリュレ風味のカスタードと、サクサクのパイ生地が相性最高！

[材料] マフィン型(⇒p.14)1台(6個)分
【パイ生地】
冷凍パイシート(10×20cm)〜1枚
粉糖〜適量
【ディプロマットクリーム】
レンチンカスタード(⇒p.37)〜100g
生クリーム〜30㎖
【仕上げ】
グラニュー糖〜適量

[下準備]
・型に溶かしバター（分量外）または油（分量外）を塗る。
・レンチンカスタード（⇒p.37）を記載の半量で作る。
・生クリームは9分立て(⇒p.13)にする。
・パイシートは成形できるくらいの半解凍状態にする。
・オーブンを200℃に予熱する。

[作り方]
〘 パイ生地を作る 〙
1 冷凍パイシートは2㎜ほどの厚さに伸ばし、マフィンカップより一回り大きい正方形にカットする。
2 1をマフィン型に敷き込み、はみ出た角を内側に折り込み、底面にフォークを数箇所刺す。
3 200℃のオーブンで15分焼き、取り出してめん棒などでパイの中央を潰すⓐ。茶こしなどで粉糖をまぶしてさらに10分焼く。
4 型から取り出し、もう一度粉糖をまぶしてさらに5〜6分、こんがり焼く。
〘 ディプロマットクリームを作る 〙
5 レンチンカスタードと生クリームを泡立て器で混ぜ合わせ、絞り袋に入れる。
〘 仕上げる 〙
6 粗熱がとれた4に5を絞り入れ、表面にグラニュー糖をまぶす。クリームブリュレ（⇒p.29）の仕上げと同様にコンロで熱したスプーンの背をあてて焦げ目をつける。

ⓐ 膨らんだパイ生地の底を、平らにならすように潰して

COLUMN 01

＼レンジでできる！／
本格カスタードの作り方

この本に出てくるカスタードは、すべて電子レンジで作るレシピ。
火にかけて作るより失敗が少なく、少量で作れるのもうれしい！

材料 200g分
卵 〰 1個
グラニュー糖 〰 50g
薄力粉 〰 20g
牛乳 〰 200㎖
バター 〰 10g

1 卵にグラニュー糖を加えて混ぜ、薄力粉をふるって混ぜる。

2 牛乳を少しずつ注ぎ、ダマにならないよう混ぜる。

3 電子レンジ（500W）で2分加熱し、混ぜる。

4 もう1分加熱し、固まってきたところをさらに混ぜてほぐす。

5 さらに1分加熱して、固まったクリームを裏漉しする。

6 温かいうちにバターを混ぜて溶かし、氷水で急冷させる。

Part one 15

ミルフィーユ

一度は作ってみたいあこがれのミルフィーユも、パイシートなら手軽。
出きたてを頬張る幸せと、圧倒的にかわいい見た目。
おうちで作る達成感は唯一無二です！

冷蔵で 当日中

材料 5切分

【パイ生地】
冷凍パイシート(10×20cm) 〜〜 2枚
粉糖 〜〜 適量

【カスタードクリーム】
レンチンカスタード(⇒p.37) 〜〜 200g

【仕上げ】
いちご 〜〜 5〜6個
粉糖(なかないタイプ) 〜〜 少々

下準備

・レンチンカスタード(⇒p.37)を記載の量で作り、絞り袋に入れる。
・いちごは薄切りにする。
・オーブンを190℃に予熱する。

作り方

〚 パイ生地を作る 〛

1. 冷凍パイシートは約15×20cm、厚さ2〜3mmに伸ばし、フォークでまんべんなく穴を開けて190℃のオーブンで15分焼く。
2. 焼き上がったら熱いうちに上から鉄板などで押して潰しⓐ、茶こしなどで粉糖をまぶしてⓑ、さらに8〜10分きつね色になるまで焼く。
3. 焼き上がりにもう一度粉糖をまぶし、再び8〜10分、全体がカラメル色になるまで焼くⓒ。
4. 冷めたパイ生地をナイフで8等分に切るⓓ。

〚 仕上げる 〛

5. カスタードクリームを絞り、いちごをのせる作業を2度くり返すⓔ。仕上げに粉糖をふりかけるⓕ。

memo パイ生地をあらかじめ切り分けてからサンドすることで、崩れにくくきれいな仕上がりに！ 全部で16枚のパイができるので1枚余ります。クリームを付けて味見にどうぞ。

ⓐ サンドしやすいよう、膨らんだパイ生地を潰します

ⓑ 粉糖は全体にまんべんなくかけて

ⓒ 粉糖が溶けて、キャラメリゼされたような色合いが目安です

ⓓ 刃が波型のケーキナイフを使うほうが、割れずに切りやすいです

ⓔ 細めに絞ったカスタードの上にいちごをのせます

ⓕ 紙で仕切ると、かけたい部分だけに粉糖がかかります

冷凍パイシートで 39

column 02

＼お菓子のかわいさが引き立つ空間に／
「韓国風おうちカフェ」のコツ

写真を撮って、食べ終わるまでの時間ぜんぶを楽しみたい！
理想は、韓国のおしゃれカフェみたいな雰囲気をおうちで再現すること。
SNSでよくお褒めの声をいただくスタイリングのコツについて、
意識している6つのポイントをご紹介します。

Point 1
下地はシンプルに
「白天板」がかわいい

韓国カフェのように洗練されたクリーンな印象にするため、白いテーブルや板の上にお菓子を置いています。布などは特に敷かずシンプルに。お菓子に目がいくよう、ツヤのないマットな素材がおすすめ。

Point 2
お皿は「白かベージュ」
数枚あればOK

愛用しているお皿はすべて100円ショップのもの！ お菓子の色が映えるのは白かベージュ。お菓子の見た目が変わればお皿に変化がなくても新鮮に見えるので、数は3〜4枚あれば十分です。

Point 3
カトラリーは
「ゴールド」一択！

シルバーよりナチュラルで、やわらかい印象になるゴールドが気分。ブラウン系が多いお菓子の色合いにもなじみやすく重宝します。カトラリーもほとんどは100円ショップで揃えています！

Point 4
お菓子は
「くすみカラー」を意識

ホワイトチョコレートや生クリームを混ぜて、あえて淡めの色合いにお菓子を仕上げると、雰囲気が今っぽくなって一気に垢抜けます！ この本のレシピも、絶妙な色合いのバランスを意識しました。

Point 5
色味を足すなら
「ドライハーブ」で

スタイリングが物足りなくて、何か色を足したいなと思ったときは、ドライのハーブを添えています。ピピッドなグリーンではないくすんだ色合いが、お菓子の雰囲気にやさしくなじみます。

Point 6
「英字アイテム」で
カフェ感UP

器やグラス、カードや雑誌など、お皿に添える小物のどこかに英字が入るとどこか韓国カフェっぽくなる不思議！ 100円ショップにも色々な小物が売っているので、ぜひ探してみてください。

Part two

第 2 章

お店みたいな焼き菓子

クッキーやスコーン、パウンドケーキなどなど、
おうちカフェにぴったりなかわいい焼き菓子。
どのレシピも、工程はとてもシンプルで気軽に作れます！
たっぷり作れる上に日持ちするものばかりなので、プチギフトにも。

贈り物にも！ かわいい クッキー

日々のおやつにはもちろん、手土産やギフトにも最適。
少ない材料ですぐに作れて見栄えも最高な、自慢のレシピです。

cookie can

数種類のクッキーを焼いてひとつの缶の中に詰め込んだら、あこがれのクッキー缶のできあがり。ふたを開けた瞬間のわくわくする気持ちを想像しながら、ひとつひとつ詰めていく作業も楽しい時間です。ざくざく、ほろほろ、つまむたび違うおいしさを感じられるように、今回は味も食感もさまざまな6種のクッキーを考えました。どれも材料はほぼ同じ。だけど工程や砂糖の種類を変えるだけでバリエーションが出せるので、初心者さんでも作りやすいはず！

アイスボックスクッキー
⇒ p.44

フロランタン
⇒ p.50

アイスボックスクッキー
⇒ p.44

シュトロイゼル
⇒ p.47

スノーボールクッキー
⇒ p.48

いちごの絞り出しクッキー
⇒ p.46

ガレットブルトンヌ
⇒ p.49

クッキーをきれいに詰めるコツは…
⇒ p.51

かわいいクッキー 43

Part two 01 アイスボックスクッキー

常温で **5日**

さっくりしっとり、バターが香る素朴な定番クッキーは、
切って焼くだけ、型抜きいらずの手軽なレシピ。
ひとつの生地で5つの味が作れます！

材料 30枚分(5種各6枚)

【プレーン生地】
- バター 〰 200g
- 粉糖 〰 130g
- 塩 〰 2g
- 卵黄 〰 2個分
- **A** │ 薄力粉 〰 300g
  │ アーモンドパウダー 〰 50g

【アレンジ材料】
- **B** │ 抹茶パウダー 〰 4g
  │ ホワイトチョコチップ 〰 10g
- **C** │ ココアパウダー 〰 10g
  │ アーモンドスライス 〰 15g
- **D** │ レモンピール 〰 25g
- **E** │ シナモンパウダー 〰 4g
  │ ローストくるみ(砕いて使う) 〰 10g

下準備
- バターは室温に戻す。
- **A**をふるう。
- 天板にクッキングシートを敷く。
- オーブンを160℃に予熱する。

作り方

1 バターに粉糖と塩を加え、ゴムベラで練り混ぜる。
2 1に卵黄を加えてしっかり混ぜる。
3 2に**A**を加えてゴムベラで切るように混ぜ、まとめる。
4 5等分して、プレーン生地以外はそれぞれアレンジ材料**B**〜**E**を混ぜ合わせるⓐ。
5 ラップでくるんで直径4cmの円柱状にしⓑ、保存袋に入れて冷蔵庫で2時間冷やすⓒ。
6 5を1.5cm厚さにカットして、160℃のオーブンで約25分焼く。

ⓐ アレンジ材料はプレーン生地に後混ぜでOK！

ⓑ 手のひらを使って転がすようにすると、きれいな円柱状に

ⓒ この状態で1ヶ月冷凍保存も可能。冷蔵庫でひと晩解凍し、切って焼く

プレーン

抹茶＆
ホワイトチョコ

ココア＆
アーモンド

レモンピール

シナモン＆くるみ

かわいいクッキー 45

Part two 02 いちごの絞り出しクッキー

常温で
5日

さくさくでほんのり甘酸っぱく、いくつでも食べたい軽やかさ。
きゅんとするお花のような形は、絞り袋を使えば簡単に！

【材料】約20枚分

【生地】
バター —— 70g
粉糖 —— 35g
塩 —— 1g
卵白 —— 20g（約½個分）
A｜薄力粉 —— 90g
　｜ストロベリーパウダー —— 5g

【仕上げ】
ホワイトチョコレート —— 50g
ストロベリーパウダー —— 少々

【下準備】
・バターを室温に戻す。
・Aをふるう。
・天板にクッキングシートを敷く。
・オーブンを160℃に予熱する。

【作り方】

〖 生地を作る 〗

1 バターに粉糖と塩を加え、泡立て器でよく混ぜる。
2 1に卵白を加え、しっかり泡立てる ⓐ。
3 2にAを加え、粉っぽさがなくなるまでゴムベラで混ぜる。
4 3を絞り袋に入れて、星型の口金でうずまき型に絞る ⓑ。
5 160℃のオーブンで15〜20分焼く。

〖 仕上げる 〗

6 粗熱がとれたら、湯煎で溶かしたホワイトチョコレートをつける。ストロベリーパウダーを散らし、チョコが固まるまで冷蔵庫で冷やす。

memo　4の絞り袋に入れた状態で冷凍庫で1ヶ月保存可能。冷蔵庫でひと晩解凍してから4以降の手順で焼きます。

卵白を泡立てながら混ぜることで、さっくり食感に

円を描くようにするときれいに絞れます

Part two 03 シュトロイゼル

常温で
5日

ざくざく食感に塩気がきいた、やみつきになる味。
生地は一気に混ぜるだけで簡単！
気軽につまめる小ぶりなサイズで、クッキー缶にもぴったりです。

[材料] 約50個分
バター〜60g
グラニュー糖〜60g
薄力粉〜60g
アーモンドパウダー〜60g
塩〜3g

[下準備]
・バターを室温に戻す。
・薄力粉とアーモンドパウダーをふるう。
・天板にクッキングシートを敷く。
・オーブンを160℃に予熱する。

[作り方]
1 材料すべてをボウルに入れ、ゴムベラで切るように混ぜ、まとめる。
2 1をクッキングシートで挟み、5mm厚さに伸ばして ⓐ、冷凍庫で1時間冷やす。
3 冷えた2を2cm角のサイコロ状にカットする ⓑ。
4 160℃のオーブンで約20分、きつね色になるまで焼く。

memo 2の状態でラップにくるみ冷凍庫で1ヶ月保存可能。冷蔵庫でひと晩解凍してから3以降の手順で焼きます。

ⓐ

やわらかい生地なので、挟むことで扱いやすくなります

ⓑ

カットしたら、ひとつひとつ間隔を空けて天板に並べ、焼きます

かわいいクッキー 47

Part two 04 スノーボールクッキー

常温で **5日**

ほろほろほどける食感と、
口いっぱいに広がるバターの香りが幸せでしかない……。
1つの生地で3つの味が作れます！

材料 27個分(3種各9個)
【プレーン生地】
バター〜90g
粉糖〜40g
塩〜2g
薄力粉〜120g
アーモンドパウダー〜30g
【アレンジ材料】
ココアパウダー〜3g
きな粉〜3g
【仕上げ】
粉糖、ココアパウダー、きな粉
　〜各適量

下準備
・バターを室温に戻す。
・薄力粉とアーモンドパウダーをふるう。
・天板にクッキングシートを敷く。
・オーブンを160℃に予熱する。

作り方
1 バターに粉糖、塩を加え、ゴムベラで練るように混ぜる。
2 1に薄力粉とアーモンドパウダーを加えてよく混ぜ、全体を3等分にする。
3 2のうち1つはプレーンのまま、残り2つにそれぞれココアパウダー、きな粉を加えて混ぜる。
4 10gずつに丸め、160℃で20〜25分焼く。
5 焼き上がったら3時間ほど冷ましてから、粉糖を入れたジッパー付き袋の中に4を入れ、全体にまぶすⓐ。きな粉、ココアパウダーはそれぞれ粉糖に少量加え、同様にまぶす。

memo 3の状態でラップにくるみ、冷凍庫で1ヶ月保存可能。冷蔵庫でひと晩解凍してから、4以降の手順で焼きます。

ⓐ ジッパー付き袋に入れることで、まんべんなくまぶせます

Part two 05 ガレットブルトンヌ

お店みたいな見た目だけど、意外と簡単！
1枚でも満足できるリッチなクッキーは、
ギフトにしてもよろこばれます。

常温で
5日

【 材料 】 直径6cmのセルクル型5個分

【生地】
バター 〜〜 90g
グラニュー糖 〜〜 50g
塩 〜〜 1g
卵黄 〜〜 1個分
薄力粉 〜〜 110g
アーモンドパウダー 〜〜 15g
ラム酒 〜〜 10ml（あれば）

【仕上げ】
卵黄 〜〜 1個分
ガムシロップ 〜〜 少量（あれば）

【 下準備 】
・バターを室温に戻す。
・薄力粉とアーモンドパウダーをふるう。
・天板にクッキングシートを敷く。
・オーブンを160℃に予熱する。

【 作り方 】

1 バターにグラニュー糖と塩を加え、泡立て器でよく混ぜる。
2 1に卵黄を加えてよく混ぜる。
3 2に薄力粉とアーモンドパウダー、ラム酒を加えてゴムベラで切るように混ぜ、まとめる。
4 3をクッキングシートで挟み、1cm厚さに伸ばして ⓐ、冷蔵庫で1時間冷やす。
5 冷えた4をセルクル型で抜き、仕上げ用の卵黄を塗り、表面にフォークで模様をつける ⓑ。
6 5のひとつずつにセルクル型をはめ ⓒ、160℃のオーブンで20〜25分焼く。焼き上がりに好みでガムシロップを塗り、ツヤを出す。

memo 4の状態でラップにくるみ、冷凍庫で1ヶ月保存可能。冷蔵庫でひと晩解凍してから、5以降の手順で焼きます。

ⓐ 柔らかい生地なので、挟むことで扱いやすくなります

ⓑ フォークの先端で波を描くように模様をつけます

ⓒ セルクル型にはめたまま焼くことで、きれいな丸型に仕上がります

かわいいクッキー

Part two 06 フロランタン

見栄えもばっちり、焼き菓子の王道的存在！
サクサクの生地と、香ばしいアーモンドヌガーがばつぐんの相性です。

常温で **5日**

〖 材料 〗約40×30cm四方の天板1枚分

【生地】
バター 〜 130g
グラニュー糖 〜 70g
卵 〜 1個
薄力粉 〜 250g

【ヌガー】
A｜はちみつ 〜 45g
　｜グラニュー糖 〜 40g
　｜バター 〜 60g
　｜生クリーム 〜 60ml
アーモンドスライス 〜 120g

〖 下準備 〗
・バターを室温に戻す。
・薄力粉をふるう。
・天板にクッキングシートを敷く。
・オーブンを180℃に予熱する。

〖 作り方 〗

〚 生地を作る 〛

1 バターにグラニュー糖を加えて泡立て器ですり混ぜる。
2 1に卵を加えてよく混ぜ、薄力粉を加えてゴムベラで切るように混ぜる。
3 2をクッキングシートで挟み、5mmの厚さに伸ばして冷蔵庫で1時間冷やす。
4 冷えた3を天板に置き、フォークで穴を開けてⓐ、180℃のオーブンで20〜25分、きつね色になるまで焼く。

〚 ヌガーを作る 〛

5 Aを小鍋に入れて中火にかけ、沸騰したらアーモンドスライスを入れてかき混ぜ、とろみがついたら火を止める。

〚 仕上げる 〛

6 5が熱いうちに、粗熱のとれた4の上に流し、ゴムベラで均等にならすⓑ。
7 160℃のオーブンで15〜20分、こんがりするまで焼く。
8 完全に冷めてから裏返して、4cm四方の正方形にカットするⓒ。

memo 3の状態でラップにくるみ、冷凍庫で1ヶ月保存可能。冷蔵庫でひと晩解凍してから、4以降の手順で焼きます。

ⓐ 縦横まんべんなく穴を開けることで、さくさくした食感に

ⓑ アーモンドが均等に行き渡るように薄く伸ばします

ⓒ ケーキナイフを前後に動かすようにすると切りやすいです

「クッキー缶」の作り方

見ているだけでもわくわくする、あこがれのクッキー缶。
この本で紹介したクッキーを詰め合わせたら、
おうちでオリジナルなクッキー缶ができちゃいます。
「かわいい！」とときめく見た目になる、詰め方のコツをレクチャー。

Step 1
乾燥剤を敷く

サクサク食感を保つため、缶の底に乾燥剤を入れて。粉気が気になる場合は、クッキングシートも敷きます。

Step 2
まず一辺を固める

四辺のうちのどれか一辺を埋めると、残りの空白に何を入れるかイメージしやすくなります！

Step 3
大きいクッキーの場所を決める

大きいものは後からだと入らなくなってしまうので、早めに居場所を確保しましょう。

Step 4
主役は真ん中に置く

華やかで見栄えのいい主役のクッキーは、ふたを開けて真っ先に目に入るよう、真ん中に置きます。

Step 5
崩れやすいものはカップに

スノーボールのようなほろほろ系＆粉糖が他のクッキーにつきやすいものは、カップで仕切りを作って。

Step 6
すき間を小さなクッキーで埋める

半端なスペースに、小さなクッキーを詰めて完成。あらかじめ小さめのクッキーを焼いておくと便利！

＼ クッキー作りの3箇条 ／

① 缶の大きさを見てからクッキーを焼く

クッキーを焼く前に缶のサイズをチェック。どこに入れるかをイメージしながらクッキーの大きさを決めて成形すると、詰めるときに迷いません。

② クッキーは4〜5種類あると見栄えよし

種類は多いほど見た目もかわいく、「おいしそう！」とテンションUP。生地は冷凍できるので（⇒ p.44）、少しずつストックしてまとめて焼いても。

③ 差し色が2色以上あると華やかに

抹茶やココア、ストロベリーパウダーにホワイトチョコ。茶色くなりがちなクッキー缶には、アクセントになる色を取り入れると一段とかわいくなります。

Part two 07 ダックワーズ

冷蔵で
当日中

メレンゲさえ作れればうまくいく！　型なしでできる手軽なレシピ。
ふわもち生地と濃厚なピーナッツクリームの塩気がクセになります。

材料 6個分

【生地】
卵白 〰 70g (約2個分)
グラニュー糖 〰 30g
A ┃ 薄力粉 〰 8g
　┃ アーモンドパウダー 〰 45g
　┃ 粉糖 〰 30g

粉糖(なくタイプ)
〰 適量

【仕上げ用】
ピーナッツクリーム
〰 60g

下準備
・Aをふるう。
・天板にクッキングシートを敷く。
・オーブンを180℃に予熱する。

作り方

〚 生地を作る 〛

1　卵白にグラニュー糖を加え、ハンドミキサーで泡立て、メレンゲを作るⓐ。
2　1にAを加えてゴムベラで切るように混ぜ、泡をつぶすⓑ。
3　2を絞り袋に入れて口を2cm幅に切り、天板に絞るⓒ。
4　粉糖をふって180℃のオーブンで15分焼く。

〚 仕上げる 〛

5　冷めた4の片方の内側にピーナッツクリームを塗り、サンドするⓓ。

砂糖の量が多いので、通常よりゆるめのメレンゲになります

混ぜすぎ注意！ 粉気がなくなる程度にさっくり混ぜればOKです

うずまきを描くように、直径5cmの丸型に絞ります

クリームは薄めに塗った方が仕上がりがきれいです！

お店みたいな焼き菓子

レーズンサンドウィッチ
⇒ p.56

塩キャラメルガナッシュサンド
⇒ p.57

お店みたいな焼き菓子

Part two 08
レーズンサンドウィッチ

冷蔵で **2日**

ほろっとした生地でミルキーなクリームを挟んだ、
見た目もかわいいレーズンサンド。冷やして食べてもおいしい！

材料　約6個分

【生地】
バター……60g
粉糖……40g
卵黄……1個分
薄力粉……70g
アーモンドパウダー……30g

【バタークリーム】
バター……35g
ホワイトチョコ……30g

【仕上げ】
ラムレーズン（またはレーズン）
　　……50g

下準備

・バター（生地、クリーム用どちらも）を室温に戻す。
・アーモンドパウダーと薄力粉をふるう。
・天板にクッキングシートを敷く。
・オーブンを160℃に予熱する。

作り方

【 生地を作る 】

1. バターに粉糖を加えて泡立て器ですり混ぜ、卵黄を加えてさらに混ぜる。
2. 1に薄力粉とアーモンドパウダーを加え、ゴムベラで切るように混ぜ、まとめる。
3. 2をクッキングシートで挟み、5mm厚さに伸ばして冷蔵庫で1時間冷やす。
4. 冷えた3を2.5×5cmの長方形に切り ⓐ、天板に間隔をあけ並べて、160℃のオーブンで15〜20分焼く。

【 バタークリームを作る 】

5. バターに湯煎で溶かしたホワイトチョコを加えてよく混ぜる ⓑ。

【 仕上げる 】

6. 5を絞り袋に入れて、冷ました4の片面に絞り、ラムレーズンを適量置いてサンドする ⓒ。

ⓐ 定規で計って均等に切ると、サンドしたときの見た目がきれい

ⓑ 分離しないようしっかりと混ぜて

ⓒ クリームとレーズンの列を交互にするとかわいくなります

塩キャラメルガナッシュサンド

Part two 09

冷蔵で 2日

香ばしいクッキーに、ほろ苦いキャラメルがアクセント。
甘さ控えめの大人なクッキーサンドは、コーヒーはもちろんお酒のおともにも。

材料 直径5cmのサンド7個分

【生地】
バター……75g
粉糖……40g
薄力粉……90g
アーモンドパウダー……20g

【塩キャラメルガナッシュ】
キャラメル……6粒
チョコレート……20g
牛乳……10mℓ
ローストくるみ……10g
塩……1g

下準備
・バターを室温に戻す。
・薄力粉とアーモンドパウダーをふるう。
・天板にクッキングシートを敷く。
・オーブンを160℃に予熱する。

作り方

〖 生地を作る 〗

1 バターに粉糖を加えて泡立て器ですり混ぜる。
2 1に薄力粉とアーモンドパウダーを加え、ゴムベラで切るように混ぜ、まとめる。
3 2をクッキングシートで挟み、5mm厚さに伸ばして冷蔵庫で1時間冷やす。
4 冷えた3を直径5cmのセルクル型で抜き、160℃のオーブンで15〜20分焼く。

〖 塩キャラメルガナッシュを作る 〗

5 キャラメルとチョコレートをボウルに入れて湯煎で溶かし ⓐ、牛乳を加えて混ぜ、砕いたくるみと塩を加えてよく混ぜ、温かいうちに絞り袋に入れる。

〖 仕上げる 〗

6 5を粗熱がとれた4の片面に絞り ⓑ、サンドする。

memo　セルクル型がなければクッキー型で抜くか、カットしてもOK！

ⓐ キャラメルは冷めると固まりやすいので、手早く混ぜて

ⓑ サンドしたときにはみ出さないよう、中央に絞って

お店みたいな焼き菓子

クッキーアイスサンド

当日中

小さめのクッキーにアイスを挟んだ、ぽってりフォルムが愛らしいサンド。
カリっと固めの生地にアイスをつけながら召し上がれ。

> 材料 2個分

【生地】
バター 〰 50g
グラニュー糖 〰 40g
卵黄 〰 1個分
薄力粉 〰 80g
【仕上げ】
好みのアイスクリーム 〰 1カップ

> 下準備

・バターを室温に戻す。
・薄力粉をふるう。
・天板にクッキングシートを敷く。
・オーブンを160℃に予熱する。

> 作り方

〖 生地を作る 〗

1 バターにグラニュー糖を加えて泡立て器ですり混ぜ、卵黄を加えてよく混ぜる。
2 1に薄力粉を加え、ゴムベラで切るように混ぜ、まとめる。
3 2をラップにくるんで冷蔵庫で1時間冷やす。
4 3をピンポン玉大にちぎり、手のひらでつぶし丸型にするⓐ。
5 160℃のオーブンで15〜20分、こんがりするまで焼く。

〖 仕上げる 〗

6 冷めたらアイスを適量のせてⓑ、サンドする。

memo 卵黄1個分を使い切るため多めに生地が作れます。残りの生地は型で抜き、同様に焼けば、カリッとした食感のクッキーに！

薄すぎず、ほどよい厚みにつぶすとぽってりかわいい仕上がりに

アイスディッシャーですくうときれい。100均でも手に入ります

レモンケーキ

コロンとしたフォルムがかわいすぎる、あこがれのレモンケーキもおうちで！
ワンボウルで混ぜるだけとは思えない完成度です。

冷蔵で **2日**

材料　レモンケーキ型(⇒p.14)
1台(6個)分
【生地】
卵　1個
グラニュー糖　40g
薄力粉　40g
アーモンドパウダー　10g
レモン汁　20㎖
バター　30g
【アイシング】
レモン汁　5㎖〜
粉糖　50g
【仕上げ】
レモンの皮のすりおろし　適量(あれば)

下準備
・薄力粉とアーモンドパウダーをふるう。
・バターを電子レンジで溶けるまで加熱し、溶かしバターにする。
・型に溶かしバター(分量外)または油(分量外)を塗る。
・オーブンを180℃に予熱する。

作り方
〖 生地を作る 〗
1　卵にグラニュー糖を加え、泡立て器ですり混ぜるⓐ。
2　1に薄力粉とアーモンドパウダーを加え、ゴムベラで粉気がなくなるまでさっくりと混ぜる。
3　2にレモン汁と溶かしバターを加えて混ぜる。
4　型に等分に流し、180℃のオーブンで13分〜、竹串を刺して生地がついてこなくなるまで焼く。

〖 アイシングを作る 〗
5　アイシングの材料を混ぜるⓑ。

〖 仕上げる 〗
6　型から外して粗熱をとった4の上に5をのせⓒ、好みでレモンの皮を飾る。

memo　アイシングのレモン汁は一度にではなく少量ずつ様子を見ながら加えると、好みの加減に調整しやすいです。

砂糖がしっかり溶け、白っぽくなるまで混ぜます

アイシングはゆるすぎず、固めに仕上げるのがコツ

スプーンやヘラで中央にやさしくのせて

アメリカンスコーン
(チョコチップ・アールグレイ)
⇒ p.64

アップルシナモン
クランブルマフィン
⇒ p.65

アメリカンスコーン
（チョコチップ・アールグレイ）

常温で **2**日

カフェにあるような、外ざくざくで中しっとりのスコーン。
生地を寝かせたり、折りたたんだりしなくても作れる簡単レシピです。

【材料】6個分
【生地】
A｜薄力粉 〰 100g
　｜強力粉 〰 110g
　｜ベーキングパウダー 〰 12g
バター 〰 55g
B｜グラニュー糖 〰 25g
　｜塩 〰 2g
　｜ヨーグルト 〰 75g
　｜チョコチップ 〰 40g
　｜（またはアールグレイ茶葉 〰 4g）
牛乳 〰 適量

【下準備】
・Aはふるって、冷蔵庫で冷たくなるまで冷やしておく。
・バターは1cm角に切り、冷蔵庫で冷やしておく。
・Bを混ぜておく。
・天板にクッキングシートを敷く。
・オーブンを180℃に予熱する。

【作り方】
1 冷やしたAにバターを加え、指先でバターと粉をほぐしながら、粉チーズ状にするⓐ。
2 1にBを加えて混ぜ、まとめる。
3 天板に直径12cmの円に広げ、6等分に切るⓑ。
4 表面に牛乳を塗り、180℃のオーブンで20分焼く。

バターが手の温度で溶ける前に、手早くほぐして

放射状にカットすると、三角形に焼き上がります

Part two 13 アップルシナモンクランブルマフィン

常温で 2日

しっかりシナモンのきいた生地の中に、甘酸っぱいりんごがたっぷり。
クランブルのサクサク感も相まって、楽しい食感に。

[材料] マフィン型（⇒p.14）1台（6個）分

【クランブル】
A | バター ～ 30g
　| グラニュー糖 ～ 30g
　| 薄力粉 ～ 30g

【生地】
りんご ～ 1個
グラニュー糖 ～ 10g
バター ～ 45g
卵 ～ 2個
B | 薄力粉 ～ 120g
　| ベーキングパウダー ～ 3g
　| シナモンパウダー ～ 5g

[下準備]
・クランブル用のバターは室温に戻す。
・Bをふるう。
・型にマフィン用のグラシンカップを敷く。
・オーブンを170℃に予熱する。

[作り方]

[[クランブルを作る]]
1 Aをボウルに入れ、手で混ぜてそぼろ状にしⓐ、冷蔵庫で冷やしておく。

[[生地を作る]]
2 りんごは皮をむいて1.5cm角の角切りにし、グラニュー糖、バターと合わせて小鍋に入れて弱火にかける。しんなりするまでソテーして、粗熱をとる。
3 卵を泡立て器でほぐし、Bを加え、ゴムベラで粉気がなくなるまで切るように混ぜる。
4 3に2を加えて混ぜる。
5 マフィン型に4を等分に流して1を上にのせⓑ、170℃のオーブンで30～35分焼く。

指先でバターと粉をすりあわせるようにします

マフィンの表面を覆うようにまんべんなくのせて

お店みたいな焼き菓子

Part two 14
カラメルバナナパウンドケーキ

バナナとカラメルをたっぷり練り込んだ、ほろ苦いパウンドケーキ。
ランダムに混ぜたカラメルソースの模様がカフェっぽさ満点です。

常温で **2日**

a　バナナは粒が残る程度に潰すと、生地の中で食感が楽しめます

b　かき混ぜず、鍋をゆすって均等にするのがポイント

c　熱湯を注ぐとソースが跳ねるので、注意しながらかき混ぜて

d　混ぜすぎないことできれいなマーブル状になります！

材料 パウンドケーキ型(⇒p.14)1台分

【生地】
- バター 〜 100g
- グラニュー糖 〜 100g
- 卵 〜 2個
- バナナ 〜 1本
- 薄力粉 〜 100g
- ベーキングパウダー 〜 3g

【カラメルソース】
- グラニュー糖 〜 60g
- 熱湯 〜 10㎖

下準備
- バターを室温に戻す。
- 薄力粉とベーキングパウダーをふるう。
- バナナはフォークで潰すⓐ。
- 型にクッキングシートを敷く(⇒p.12)。
- オーブンを160℃に予熱する。

作り方

〚 生地を作る 〛

1 バターにグラニュー糖を加えて白っぽくなるまで泡立て器で混ぜる。溶きほぐした卵を数回に分けて入れ、その都度よく混ぜる。

2 1にバナナを加えてゴムベラで混ぜる。

〚 カラメルソースを作る 〛

3 小鍋にグラニュー糖を入れて火にかけ、端からカラメル色になってきたら、鍋をゆすり全体を均等になじませるⓑ。

4 グラニュー糖がすべて溶けたら火を止めて熱湯を注ぎ、木ベラですぐに混ぜるⓒ。

〚 合わせる 〛

5 2に薄力粉とベーキングパウダーを加え、ゴムベラで粉気がなくなるまで混ぜる。

6 5に4を熱いまま加え、マーブル状になる程度に混ぜるⓓ。

7 型に流し込み、トントンと数回落として空気を抜き、160℃で約40〜45分焼く。竹串を刺して生地がつかなければOK。

お店みたいな焼き菓子

スイートポテトタルト
⇒ p.70

キャロットケーキ
⇒ p.71

スイートポテトタルト

冷蔵で 2日

なめらかなさつまいもペーストがたっぷり入った、食べごたえ満点のタルト。
さつまいもがおいしくなる秋冬にぜひ作りたい、王道スイーツです。

【材料】 15cm丸型（⇒p.14）1台分

【ボトム】
ビスケット〜80g
バター〜30g

【フィリング】
さつまいも〜300g（正味）
バター〜30g
マスカルポーネ〜100g
グラニュー糖〜50g

【仕上げ】
卵黄〜1個分
黒ごま〜少々

【下準備】
・ボトム用のバターを電子レンジで溶けるまで加熱し、溶かしバターを作る。
・さつまいもは皮をむき輪切りにし、10分水にさらしてアクを抜く。
・フィリング用のバターを室温に戻す。
・型に溶かしバター（分量外）または油（分量外）を塗る。
・オーブンを160℃に予熱する。

【作り方】

〖 ボトムを作る（⇒p.12）〗

1 ビスケットを細かく砕き、溶かしバターを加えて型に敷き詰める。

〖 フィリングを作る 〗

2 さつまいもを水から茹でてやわらかくする、または電子レンジで竹串がすっと通るまで加熱し、熱いうちに潰す。バターとマスカルポーネ、グラニュー糖を加えて混ぜ、ペースト状にする ⓐ。

3 2を1に流し込んで表面に卵黄をぬり、黒ごまを散らして160℃のオーブンで20分焼く。

memo さつまいもは水から茹でてじっくり火を通すほうが、よりしっとり、おいしく仕上がります。

ⓐ より滑らかに仕上げるなら、裏漉しするのがおすすめです

Part two 16 キャロットケーキ

冷蔵で **2日**

手軽に作れるのに、見た目のかわいさは圧倒的！　にんじんの甘みに
シナモンの香りとさわやかなフロスティングが合わさって、絶妙なおいしさ。

[材料] 15cm丸型(⇒p.14) 1台分

【生地】
卵 〜 2個
グラニュー糖 〜 100g
塩 〜 1g
サラダ油 〜 60g
にんじん 〜 90g
ローストくるみ 〜 30g
ドライフルーツ(好みのもの) 〜 30g
A │ 薄力粉 〜 90g
　　│ アーモンドパウダー 〜 15g
　　│ シナモンパウダー 〜 10g
　　│ ベーキングパウダー 〜 5g

【フロスティング】
B │ クリームチーズ 〜 200g
　　│ グラニュー糖 〜 50g
　　│ レモン汁 〜 10mℓ

【仕上げ】
ローストくるみ、シナモンパウダー 〜 各適量

[下準備]
・にんじんは皮をむき、みじん切りにする。
・**A**をふるう。
・クリームチーズを室温に戻す。
・型にクッキングシートを敷く(⇒p.12)。
・オーブンを170℃に予熱する。

[作り方]

〖 生地を作る 〗

1 卵にグラニュー糖と塩を加えて泡立て器で白っぽくなるまですり混ぜ、サラダ油を数回に分けて加えⓐ、その都度よく混ぜる。

2 **1**ににんじん、砕いたくるみ、ドライフルーツを入れて混ぜⓑ、**A**を加えて粉気がなくなるまで混ぜる。

3 170℃のオーブンで45分焼き、取り出してアルミホイルをかぶせ、さらに約15分焼く。竹串を刺して生地がつかなければOK。

〖 フロスティングを作る 〗

4 **B**をゴムベラでよく混ぜる。

〖 仕上げる 〗

5 粗熱がとれた**3**を上下に切り分けⓒ、**4**を生地のあいだと上部に塗り、好みで上にくるみ、シナモンパウダーを飾る。

ⓐ 油は数回に分けながら加えることで、混ざりやすくなります

ⓑ 生地は練らないように、ゴムベラでさっくりと混ぜて

ⓒ 生地を垂直に立てると均等にスライスできる

お店みたいな焼き菓子　71

Column 04

\こんなときどうする？/

お菓子作りのQ&A

SNSを通じていただく、お菓子作りのさまざまな質問。
中でも特に多いものを集めました！　迷ったらぜひ参考にしてみてください。

Q 材料の代用はできますか？

A 砂糖はOK！
それ以外はNGです

基本材料（⇒ p.8）の中では、きび砂糖→白砂糖など、
砂糖類だけは同量で別の種類に代用OK。その他の
材料は味や仕上がりが変わり、失敗のリスクに。

Q 生焼けになるのを防ぐには？

A 見た目で判断せず、
生地の中をチェック！

オーブンによっては、焦げ目がついても中は生焼けに
なることが。焼き加減は見た目ではなく、竹串を刺し
て判断し、足りなければ焼き時間を3分ずつ追加。また、オーブンの開け閉めは素早く！　開放時間が長い
と庫内の温度が下がり、生焼けになることがあります。

Q オーブンの上限温度が
200℃の場合は？

A 焼き時間を追加すればOK

この本の中で200℃以上で焼くのはチーズケーキ類。
200℃のオーブンで焼く場合は焼き時間をプラスしま
しょう。はじめに7分追加し、それ以降は数分ずつ足
しながら様子を見て。

Q 指定の型とは違う型でも
焼けますか？

A 型の大きさに合わせてレシピを
等倍すれば作れます！

指定の型と使う型とで、体積（底面積×高さ）が何倍に
なるかを計算して、材料すべてを等倍してください。例
えば丸型の体積は半径×半径×3.14×高さの式で計
算できます。15cm丸型のレシピを18cm丸型（高さは同
じ）で作るなら、すべての材料をおよそ1.44倍に。

Q 道具はどこで買うのがおすすめ？

A 100円ショップが
優秀すぎます

お菓子作りに必要な基本の道具は、ひと通り100円
ショップで揃うと思います。クオリティも十分。私自身
の愛用品も100円ショップのものばかりです！

Q 焦げやすいときは
どうすればいい？

A 10分前に開けて、
アルミホイルを被せて！

これもオーブン次第で、上面から先に火が通って焦げ
てしまうことが。焼き上がりの10分ほど前にすでに焦
げ目がつきはじめていたら、アルミホイルを被せて残り
の時間を焼くと焦げ防止に。上段と下段がある場合、
上段は熱があたりやすいので、下段で焼いてみて。

Q 常温・冷蔵の場合の保存方法は？

A 乾燥と高温に注意して保存します

お菓子は乾燥が大敵。ラップで包んだり、蓋つきの
容器やジッパー付き袋に入れて保存します。常温保
存のものも、室内が高温にならないように注意。夏場
はエアコンのきいた室内に置いてください。

Q お菓子の冷凍はできますか？

A 焼き菓子はOK！
生菓子はNGです

パウンドケーキやスコーン、マフィンなどの焼き菓子は
冷凍OK。クッキーは焼く前の生地での冷凍をおすす
めします（⇒ p.44）。クリームを塗ったケーキや、生の
フルーツを使っているもの、ゼリー系の生菓子は冷凍
不可です。

part three

第3章

よろこばれるとっておきのお菓子

バレンタインや誕生日、おもてなしに手土産。
自分で食べるのはもちろん、お菓子で誰かによろこんでほしい！
そんなときにぴったりのレシピを集めました。
上級見えする仕上がりも、ポイントさえ押さえれば失敗しません。

○ バレンタインスイーツ

配りやすいコンパクトなものから、本格的なケーキまで。
ひと捻りあるおしゃれなチョコレートで、周りと差をつけて！

Part three 01 ハートチョコクランチ

冷蔵で **2**日

パステルカラーが新しいチョコクランチは、材料3つ！
ザクザク食感で食べごたえたっぷりです。

【 材料 】シリコンモールド ハート型
(⇒p.14) 1台(12個)分
ホワイトチョコレート ～ 100g
チョコペン ～ 2本(赤や青など濃いめの2色)
コーンフレーク ～ 40g

【 作り方 】

〚 チョココーティングを作る 〛

1 ホワイトチョコレートとチョコペンを湯煎にかけて溶かす。ホワイトチョコレートは2等分にして、それぞれチョコペンを加えて混ぜ、好みの色加減にする ⓐ。
2 型に1を流し込み、底と側面全体にチョコが行き渡ったら、逆さにして余分なチョコを落とす ⓑ。冷凍庫で1時間以上冷やし、チョコを固める。

〚 チョコクランチを作る 〛

3 残りのチョコレートに細かく砕いたコーンフレークを混ぜ合わせる。
4 2の型に3を詰め、再び冷凍庫で冷やして固める。

memo 型はシリコン素材なら、好みのサイズ、大きさでOK。2で型に流すチョコは、熱々よりも少し冷めてきた頃がベスト。適度な厚みのあるコーティングになります。

チョコペンは色を見ながら、少しずつ足して

落としたチョコは、3の工程で使います

74

Part three 02
ガナッシュトリュフ

冷蔵で **2**日

誰からも愛される定番トリュフは、溶かして固めて仕上げるだけ。
口の中でとろけるガナッシュが格別です。

【材料】30個分
【トリュフ】
A ｜ ミルクチョコレート 〰 150g
　｜ ブラックチョコレート 〰 150g
生クリーム 〰 160ml
【仕上げ】
ココアパウダー、粉糖（なかないタイプ）、
　ココナッツファイン 〰 各適量

【作り方】
〖 トリュフを作る 〗
1　Aは合わせて湯煎で溶かす。
2　1に弱火で温めた生クリームを加え、やさしく混ぜ合わせてガナッシュを作る（⇒ p.106）。
3　バットに流し、冷蔵庫で2〜3時間以上冷やす。
4　スプーンで30等分にしてくりぬき、丸めてⓐバットに並べ、再び冷蔵庫で1時間以上冷やし固める。
〖 仕上げる 〗
5　ボウルに仕上げ用のココアパウダーや粉糖、ココナッツファインを入れ、4をひとつずつ箸などでまぶすⓑ。

ベタつくので手早く。ビニール手袋をすると丸めやすいです

トリュフ同士がくっつかないよう、ひとつずつまぶして

バレンタインスイーツ

Part three 03 ホワイトチョコレートマドレーヌ

冷蔵で 2-3日

見た目のかわいさだけじゃない！
パリッとしたチョコとしっとり生地が合わさって、味も最高な自信作です。

[材料] マドレーヌ型(⇒p.14)2台(8個)分

【生地】
卵 〜 70g
グラニュー糖 〜 70g
バター 〜 70g
ココアパウダー 〜 10g
A | 薄力粉 〜 30g
　　 | ベーキングパウダー 〜 2g

【チョココーティング】
ホワイトチョコレート 〜 120g

[下準備]
・生地用のバターを電子レンジで溶けるまで加熱し、溶かしバターを作る。
・**A**をふるう。
・型に溶かしバター(分量外)または油(分量外)を塗る。
・オーブンを180℃に予熱する。

[作り方]

〖 生地を作る 〗

1 卵にグラニュー糖を加えて泡立て器で白っぽくなるまで混ぜ、**A**を加えて粉気がなくなるまで混ぜる。

2 1に溶かしバターとココアパウダーを加えて混ぜ、生地にラップを密着させるようにかけて落としラップにしⓐ、冷蔵庫で2時間寝かせる。

3 2を絞り袋に入れて、型に等分に絞りⓑ、180℃のオーブンで15分焼く。焼けたらすぐに型から外し、型を洗っておく。

〖 チョココーティングを作る 〗

4 ホワイトチョコレートを湯煎で溶かし、型の⅓量まで流すⓒ。マドレーヌをのせ、そっと押し付けてⓓ、冷凍庫で2時間以上冷やす。固まったら型から外す。

生地が乾燥しないよう、ラップをぴったりつけて寝かせます

絞り袋があると便利ですが、なければスプーンでも

チョコは厚めに流すことで、シェル模様がきれいにつきます

強く押し付けず、そっと押すのがポイント

バレンタインスイーツ 77

ティグレ
⇒ p.80

カップガトーショコラ
⇒ p.81

バレンタインスイーツ

Part three 04 ティグレ

冷蔵で **2日**

フランス語で虎を意味する「ティグレ」は、バター香るフィナンシェ生地に、虎柄のようにチョコがたっぷり。専用の型がなくても作れるレシピです！

[材料] シリコンモールド マフィン型
(⇒p.14) 1台(6個)分
【生地】
バター〜〜90g
卵白〜〜95g (3個分)
グラニュー糖〜〜90g
チョコチップ〜〜20g
A｜薄力粉〜〜25g
　｜アーモンドパウダー〜〜60g
【ガナッシュ】
チョコレート〜〜60g
生クリーム〜〜50ml

[下準備]
・Aをふるう。
・型に溶かしバター(分量外)または油(分量外)を塗る。
・オーブンを180℃に予熱する。

[作り方]
〖 生地を作る 〗
1 小鍋にバターを入れて弱火にかけ、沸騰してきたら泡立て器でかき混ぜて、全体が濃い茶色になったら火を止めて粗熱をとるⓐ。
2 卵白とグラニュー糖を泡立て器で混ぜ、グラニュー糖が溶けたらAを加えてゴムベラで混ぜる。
3 2に1とチョコチップを加えて混ぜる。
4 型に等分に流し込み、180℃のオーブンで15分焼く。熱いうちに、スプーンの柄で上部に穴を開けるⓑ。
〖 ガナッシュを作る(⇒p.106) 〗
5 湯煎で溶かしたチョコレートに弱火で温めた生クリームを加え、やさしく混ぜ合わせ、温かいうちに絞り袋に入れる。
〖 仕上げる 〗
6 5を粗熱のとれた4の穴に絞るⓒ。ガナッシュが固まるまでおく。

焦げすぎないよう注意して。濃い茶色が目安です

底まで貫通しないよう、上部だけに穴を開けて

こんもりするほどたっぷり入れるとかわいい！

Part three 05
カップガトーショコラ

王道のガトーショコラは、マフィン型で焼くとギフトにしやすい！
焼きたてふわふわも、翌日の味が落ち着いた生地も、どちらも絶品。

冷蔵で **2**日

【材料】 マフィン型(⇒p.14) **1台(6個)分**

【生地】
卵黄 〜 40g (2個分)
グラニュー糖 〜 20g
チョコレート 〜 50g
バター 〜 40g
生クリーム 〜 20㎖
A ┃薄力粉 〜 10g
　┃ココアパウダー 〜 10g

【メレンゲ】
卵白 〜 60g (2個分)
グラニュー糖 〜 25g

【仕上げ】
粉糖(なかないタイプ) 〜 適量

【下準備】
・Aをふるう。
・メレンゲの材料をハンドミキサーで泡立て、メレンゲを作る(⇒p.13)。
・型にマフィン用のグラシンカップを敷く。
・オーブンを170℃に予熱する。

【作り方】
1　卵黄とグラニュー糖を泡立て器ですり混ぜる。
2　チョコレート、バター、生クリームを湯煎で溶かして混ぜ、粗熱をとる。
3　1に2とAを加えて、ゴムベラで混ぜる。
4　3にメレンゲを3回に分けて加え、混ぜるⓐ。
5　型に等分に流し、170℃のオーブンで20分焼く。
6　粗熱がとれたら冷蔵庫で冷たくなるまで冷やし、仕上げに粉糖をまぶす。

メレンゲの泡をつぶさないよう、切るように混ぜて

バレンタインスイーツ

カヌレ型ムースショコラ
⇒ p.84

生チョコバスクチーズケーキ
⇒ p.85

Part three 06
カヌレ型ムースショコラ

冷蔵で **1-2日**

バレンタインに迷ったらこれ！
断面がかわいすぎるムースショコラは、マシュマロで作るから驚くほど簡単。
食べるとふわしゅわ、やみつきになります。

[材料] シリコンモールド ミニカヌレ型
(⇒p.14) 2台(8個)分
いちごチョコレート〜45g
チョコレート〜110g
ホワイトチョコレート〜70g
生クリーム〜70㎖
マシュマロ〜45g(約10個)

[作り方]
〚 チョコーティングを作る 〛
1 チョコレートをそれぞれ湯煎にかけて溶かす。
2 チョコレート、ホワイトチョコレートを型に4個分ずつ流し ⓐ、逆さにして余分なチョコを落とす ⓑ。冷凍庫で1時間以上冷やして固める。

〚 ムースを作る 〛
3 生クリームとマシュマロを大きめの耐熱ボウルに入れて電子レンジで2分加熱して混ぜ、2等分して、1のいちごチョコレートとチョコレートに加え、それぞれ混ぜる ⓒ。

〚 仕上げる 〛
4 3を2の型に流し ⓓ、冷蔵庫で2〜3時間以上冷やして固める。

memo コーティングチョコは、熱々よりも少し冷めてきた頃に型に流して。チョコレートに適度な厚みが出ます。型に流し込む量次第で、チョコレートは多少余ることがあります。

ⓐ 型の内側にチョコが行き渡るように、たっぷり流します

ⓑ 落としたチョコは3の工程で使って

ⓒ 温かいうちに混ぜ合わせます

ⓓ 10分目までたっぷり入れると、固まったときに取り出しやすいです

Part three 07
生チョコバスクチーズケーキ

冷蔵で **2日**

生チョコとチーズケーキの夢みたいなコラボ。粉類を使わないから、
究極にとろっとなめらか！ 簡単なのに本格的すぎる、この驚きを味わって。

【材料】 15cm丸型(⇒p.14) 1台分
【生地】
クリームチーズ 〰 300g
グラニュー糖 〰 80g
卵 〰 3個
チョコレート 〰 150g
生クリーム 〰 200㎖
【ガナッシュ】
チョコレート 〰 50g
生クリーム 〰 50㎖
【仕上げ】
ビスケット 〰 適量

【下準備】
・クリームチーズは室温に戻す。
・チョコレートは湯煎で溶かす。
・型にクッキングシートを敷く ⓐ。
・オーブンを240℃に予熱する。

【作り方】
〖 生地を作る 〗
1 クリームチーズにグラニュー糖を加え、泡立て器で混ぜる。
2 1に溶いた卵を数回に分けて加え、チョコレートも加えてその都度混ぜる。
3 2に生クリームを加えて混ぜ、型に流して240℃のオーブンで25分焼く ⓑ。
4 粗熱がとれたら冷蔵庫に入れ、8時間以上冷やす。
〖 ガナッシュを作る(⇒p.106) 〗
5 湯煎で溶かしたチョコレートに、弱火で温めた生クリームを加え、やさしく混ぜ合わせる。常温にしばらくおいて冷ます。
〖 仕上げる 〗
6 4を型から外し、5を上に流して ⓒ、冷蔵庫で40分以上冷やして固める。お好みで砕いたビスケットを散らす。

ⓐ 水に濡らしたクッキングシートをくしゃくしゃにし、開いて敷く

ⓑ 生地の表面がこんもり立ち上がっているのが焼き上がりの目安

ⓒ 表面をゴムベラで平らにならすと、きれいな仕上がりに

バレンタインスイーツ 85

> ### ちいさな お菓子
>
> プチサイズでラッピングしやすく、
> 渡しやすさにもこだわったお菓子たち。
> ギフトにはもちろん、日々のちょっとしたおやつにも。

Part three 08 ミニカヌレ

冷蔵で **2日**

研究を重ねた自慢のレシピ。ミニ型を使うことで膨らみも安定し、より作りやすくなりました！ 生地をひと晩寝かせるのがポイントです。

【材料】 約25×19cmのミニカヌレ型(⇒p.14)1台(12個)分

【生地】
牛乳 〜 130㎖
バター 〜 8g
バニラビーンズペースト 〜 1g (あれば)
卵 〜 15g (約¼個分)
卵黄 〜 10g (約½個分)
ラム酒 〜 10㎖ (あれば)
A | 薄力粉 〜 30g
　 | グラニュー糖 〜 50g

【仕上げ】
好みのチョコレート、
　ココナッツファイン 〜 少量

【下準備】
・Aをふるう。
・型に溶かしバター(分量外)または油(分量外)を塗る。
・オーブンを200℃に予熱する。

【作り方】

〚 生地を作る 〛

1 小鍋に牛乳、バター、バニラビーンズペーストを入れて弱火で温め、バターが溶けたら、人肌程度(40℃)になるまで冷ますⓐ。
2 Aをボウルに入れ、1を数回に分けて加え、泡立て器でやさしく混ぜるⓑ。
3 卵と卵黄を混ぜ合わせ、2に少しずつ加えながらやさしく混ぜる。
4 3にラム酒を加え、漉してⓒ、生地にラップを密着させるようにかけて落としラップにし、冷蔵庫でひと晩冷やす。
5 冷やした4は粉が沈殿するので、再び混ぜてから型の7分目まで注ぎⓓ、200℃のオーブンで20分、その後180℃にして40分焼く。
6 焼けたら熱いうちにすぐ型から外しⓔ、粗熱をとる。

〚 仕上げる 〛

7 湯煎で溶かしたチョコレート、ココナッツファインを上に飾る。

memo 通常のカヌレ型で作る場合は、同じ分量で約5～6個分のカヌレが作れます。バニラビーンズペーストはなしでもOK。バニラオイルやエッセンスで代用しても。

ⓐ 温度計がなければ、指で生温かく感じるくらいが目安

ⓑ グルテンが出ないよう、やさしく混ぜるのがポイント

ⓒ 漉すことで口当たりのなめらかな生地になります

ⓓ 計量カップやピッチャーを使うと注ぎやすい

ⓔ 時間が経つとくっつくので、熱いうちに型から外して

Part three 09 ひとくちバスクチーズケーキ

ボウルひとつでぐるぐる混ぜるだけ。圧倒的人気のバスクチーズケーキを食べやすいひとくちサイズに。ほろほろとほどける口当たりに感動！

冷蔵で **2**日

材料 マフィン型(⇒p.14)1台(6個)分
【生地】
クリームチーズ 〜 200g
グラニュー糖 〜 60g
生クリーム 〜 90㎖
薄力粉 〜 10g
卵 〜 1個
レモン汁 〜 10㎖
【仕上げ】
ガムシロップ 〜 適量(お好みで)

下準備
・クリームチーズは室温に戻す。
・卵は溶きほぐす。
・型にマフィン用のグラシンカップを敷く。
・オーブンを200℃に予熱する。

作り方
1 クリームチーズにグラニュー糖を加えて混ぜる。
2 1に生クリーム、薄力粉を加えてその都度混ぜ、溶いた卵とレモン汁を加えて混ぜる。
3 型に等分に流し、200℃のオーブンで20分焼く。粗熱がとれたら型からはずし、ガムシロップを表面に塗ってツヤを出す。

ちいさなお菓子 89

Part Three 10
かぼちゃスティックチーズケーキ

冷蔵で
当日中

かぼちゃのうま味をぎゅっと凝縮した、満足度ばっちりなチーズケーキ。
スクエア型で焼いて、つまみやすくかわいいスティックに。

【材料】23cm四方のスクエア型(⇒p.14)1台分

【ボトム】
ビスケット 〜〜 70g
バター 〜〜 25g

【生地】
かぼちゃ 〜〜 200g (正味)
生クリーム 〜〜 100ml
クリームチーズ 〜〜 300g
グラニュー糖 〜〜 100g
卵黄 〜〜 2個分
薄力粉 〜〜 20g

【下準備】
・バターを電子レンジで溶けるまで加熱し、溶かしバターを作る。
・クリームチーズは室温に戻す。
・型にクッキングシートを敷く。
・オーブンを210℃に予熱する。

【作り方】

[[ボトムを作る(⇒p.12)]]

1 ビスケットを細かく砕き、溶かしバターを加えてまとめ、型の底に敷き詰める。

[[生地を作る]]

2 かぼちゃは皮と種をとり、ひとくち大に切って電子レンジで5分以上(つぶせる固さになるまで)加熱し、裏漉しする。

3 2に生クリームの半量を少しずつ加えてⓐ、ゴムベラで混ぜ、ペースト状にする。

4 別のボウルにクリームチーズを入れ、グラニュー糖と卵黄を加え、泡立て器で混ぜる。

5 4に薄力粉を加えて混ぜ、3のかぼちゃペースト、残りの生クリームも加えてⓑ、ゴムベラで混ぜる。

6 型に流してトントンと数回落として空気を抜き、210℃のオーブンで20〜25分焼く。

7 粗熱がとれたら冷蔵庫で8時間以上冷やし、好みの大きさにカットする。

かぼちゃが生地になじむよう、先に生クリームを少量加えます

生クリームを2段階に分けて加えるのが、なめらかな生地感の秘けつ

Part three 11　カップシフォンケーキ

冷蔵で **2日**

ぽってりしたフォルムが愛おしい！ ふんわりシフォン生地の中に
生クリームがたっぷりで、ひとくち頬張ればもう幸せの味。

【材料】マフィン型(⇒p.14)1台(6個)分

【生地】
卵黄 〜 2個分
グラニュー糖 〜 20g
A │ 薄力粉 〜 40g
　　│ ベーキングパウダー 〜 3g
油 〜 20g
牛乳 〜 15㎖
B │ 卵白 〜 2個分
　　│ グラニュー糖 〜 20g

【ホイップクリーム】
生クリーム 〜 200㎖
グラニュー糖 〜 20g

【仕上げ】
粉糖(なかないタイプ) 〜 適量

【下準備】
・**A**をふるう。
・**B**をハンドミキサーで泡立て、メレンゲにする(⇒p.13)。
・型にマフィン用のグラシンカップを敷く。
・オーブンを170℃に予熱する。

【作り方】

〚 生地を作る 〛
1 卵黄にグラニュー糖を加え、泡立て器ですり混ぜる。
2 1に**A**、油、牛乳を加えてその都度混ぜる。
3 2に**B**のメレンゲを加えて泡立て器で混ぜ ⓐ、型に等分に流し、170℃のオーブンで約30分焼く。

〚 ホイップクリームを作る 〛
4 生クリームにグラニュー糖を加え、ハンドミキサーで9分立て(⇒p.13)にして絞り袋に入れる。

〚 仕上げる 〛
5 粗熱がとれた3の中央に箸の先で穴を開け、ホイップクリームを絞り入れる ⓑ。上にもクリームを丸く絞り、好みで粉糖をかける。

泡が潰れないようにふんわりと混ぜて

クリームは丸くたっぷり絞ると、おいしくてかわいい！

ちいさなお菓子　93

ココアマカロン

Part three 12

冷蔵で **2日**

あこがれお菓子のマカロンは、おいしさもかわいさもやっぱり唯一無二。
粉類をしっかりふるうことと、生地の練り具合が最大のポイント。
難易度は高めですが、これが一番作りやすいレシピです！

材料 約20個分

【生地】
卵白 〜 85g（約2個分）
グラニュー糖 〜 75g
A ｜ アーモンドプードル 〜 95g
　　｜ 粉糖 〜 85g
　　｜ ココアパウダー 〜 15g

【ガナッシュ】
チョコレート 〜 100g
生クリーム 〜 80㎖

【仕上げ】
チョコレート、ココナッツファイン
　〜 少々（あれば）

下準備

- Aを2回ふるう。
- 天板にクッキングシートを敷く。
- オーブンを150℃に予熱する。

作り方

〖 生地を作る 〗

1. 卵白にグラニュー糖を3回に分けて加えながら、ハンドミキサーで泡立て、ボウルを逆さにしても落ちないくらいしっかり固いメレンゲを作る。
2. 1にAを入れ、ゴムベラで混ぜる。粉気がなくなったら、ゴムベラで生地をボウルの側面に擦り付けるようにしながら混ぜ、泡をつぶしていくⓐ。
3. 生地に粘りが出て、ゴムベラを持ち上げた時に角が立ち、ぽたっと下に垂れるようになったらⓑ、絞り袋に入れる。
4. 天板に直径4cmほどの円形に絞りⓒ、表面が乾くまで数時間おく。
5. 表面を触っても手に生地がつかないほど4が乾いたらⓓ、150℃のオーブンで15分焼く。

〖 ガナッシュを作る（⇒ p.106） 〗

6. 湯煎で溶かしたチョコレートに、弱火で温めた生クリームを加え、やさしく混ぜ合わせ、粗熱がとれたら絞り袋に入れる。

〖 仕上げる 〗

7. マカロンの内側に6を適量絞り、サンドするⓔ。
8. 好みで湯煎で溶かしたチョコレートを付け、ココナッツファインを飾る。

memo 工程3の生地の見極めがポイント。混ぜ足りなくても、混ぜすぎても膨らみが悪くなります。根気よくチャレンジしてみて。

ⓐ 生地にツヤが出てくるまで、力を入れてしっかり練ります

ⓑ 目安は、持ち上げた生地が途切れながらぽたっと三角形に落ちるくらい

ⓒ 絞り袋を垂直にして、きれいな丸型に。このくらい高さの出る生地の固さが理想です

ⓓ 部屋の湿度や季節によって時間は変わるので、触って確かめて

ⓔ マカロンの下部に割れ目（ピエ）が出るのが、理想的な仕上がり！

ちいさなお菓子 95

column 05

＼こんなときどうする？／
お菓子のかわいいラッピングアイデア

お菓子を渡すとき、意外と悩むラッピング。
100円ショップでも手に入るような身近な材料で簡単にできて、
おしゃれ見えするバリエーションを紹介します。
この本のひと通りのお菓子はこれで包めます！

Idea 1
シンプルな焼き菓子は
キャンディ包みに

レモンケーキにスコーン、スティックチーズケーキなど、素朴な焼き菓子はクッキングシートで包み、両端をねじってキャンディ型に。無地のシールを貼ってお菓子の名前をさらっと書けば、一気に垢抜ける！

Idea 2
小さなお菓子は
瓶にまとめて

クッキーやトリュフなど小さいお菓子には小瓶を活用。かわいい上に持ち運んでも型崩れしにくいメリットも！　蓋の周りにはリボンやモールを巻いてワンポイントに。それだけで特別感のあるギフトが完成。

Idea 3
簡単なのに映える、テトラ型包み

繊細なトリュフやクッキーは、テトラ型に包んで空洞を作り、形をキープ。袋に入れたら、左右の両端を中心に寄せるようにして口を閉じ、1㎝ほどの幅で2〜3回折り込みます。折り込み部分にラッピング用のヒモを通すとかわいい！

Idea 4
高さのあるお菓子は、マチ付き袋で

ガトーショコラやマフィン、ひとくちバスクなど、高さのあるお菓子にはマチ付きのクリア袋を活用。口の部分にレース模様のコースターや折り紙など、ポイントになる紙もので閉じるように飾ると雰囲気アップ。

Idea 5
生菓子は紙の箱でパティスリーっぽく

崩れやすい生のケーキは、お店のような紙箱に入れて。100円ショップで手に入ります！ 個々のケーキに四角く切ったクッキングシートを敷いて入れると、くっつきにくく、見た目も本格的な印象に。

97

| おもてなし
スイーツ | 誰かと集まる日や、特別な日の食卓に。
テーブルを華やかにするデザートも、ふつうの材料で簡単に！ |

Part three 13 カスタードエクレア

冷蔵で 当日中

クラシックなエクレアは、小さめサイズが今っぽい！
ふんわりシュー生地に、卵感たっぷりのクリーム。
こう見えて、いくらでも食べられちゃいそうな軽さです。

[材料] 長さ8cm・約15個分

【生地】
A│水 〜 60㎖
　│牛乳 〜 60㎖
　│バター 〜 40g
　│塩 〜 1g
薄力粉 〜 60g
卵 〜 2個

【ディプロマットクリーム】
レンチンカスタード(⇒ p.37) 〜 100g
生クリーム 〜 80㎖

【仕上げ】
チョコレート 〜 50g
ピスタチオ 〜 少量(あれば)

[下準備]
・薄力粉をふるう。
・レンチンカスタード(⇒ p.37)を記載の半量で作る。
・生クリームは9分立て(⇒ p.13)にする。
・天板にクッキングシートを敷く。
・オーブンを180℃に予熱する。

[作り方]

〖 生地を作る 〗

1 小鍋にAを入れて中火にかけ、バターを溶かす。
2 1に薄力粉を加え、火にかけたまま粉気がなくなるまで木ベラやゴムベラでしっかり混ぜる。そのまま練りながら30秒～1分ほど水分を飛ばし、マッシュポテト状になったらⓐ、火を止める。
3 2をボウルに移し、粗熱がとれたら溶いた卵を少しずつ加え、よく混ぜるⓑ。
4 星型の口金をつけた絞り袋に入れ、天板に8cm長さの棒状に絞るⓒ。
5 180℃のオーブンで約45分焼く。

〖 ディプロマットクリームを作る 〗

6 レンチンカスタードと9分立ての生クリームを泡立て器で混ぜ、絞り袋に入れる。

〖 仕上げる 〗

7 冷ましたシュー生地の裏に箸で穴を開け、ディプロマットクリームを絞り入れるⓓ。湯煎で溶かしたチョコレートを表面につけ、好みで砕いたピスタチオをのせ、冷蔵庫で冷やして固める。

memo 星型の口金はなくても作れますが、使うとよりきれいでお店のような仕上がりになります！

ⓐ 底から焦げつきやすいので、ヘラで絶えずかき混ぜます

ⓑ 分離しやすいので、都度しっかり混ぜて

ⓒ 太さは1.5～2cmくらいを目安に

ⓓ 絞り袋の口は細めに切ると、絞り入れやすいです

おもてなしスイーツ 99

Part three 14 スイートポテトテリーヌ

2層の見た目がきれい！ スイートポテトにチーズクリーム、とろとろの口溶けはもはや〝飲める〟スイーツ。しつこくない、すっきりした甘さです。

冷蔵で **2日**

材料　パウンドケーキ型(⇒p.14)1台分

【スイートポテト生地】
- さつまいも 〜 400g (正味)
- グラニュー糖 〜 30g
- 生クリーム 〜 50㎖

【チーズテリーヌ生地】
- クリームチーズ 〜 100g
- グラニュー糖 〜 50g
- コーンスターチ 〜 5g
- 卵 〜 1個
- 生クリーム 〜 100㎖

下準備
- さつまいもは皮をむいて輪切りにし、水に10分さらしてアクを抜く。
- クリームチーズは室温に戻す。
- 型にクッキングシートを敷く(⇒p.12)。
- オーブンを160℃に予熱する。

作り方

〚 スイートポテト生地を作る 〛

1. 小鍋にさつまいもとひたひたの水を入れて中火にかけ、やわらかくなるまで20〜25分茹でる(電子レンジの場合は5分ほど加熱)。
2. 1の水気を切り、裏漉しする。
3. 2をボウルに移し、グラニュー糖を加え、ゴムベラで混ぜる。生クリームを2回に分けて加えて ⓐ、よく混ぜ、絞り袋に入れる。
4. 3を型の半分量まで絞り入れ ⓑ、平たくならす ⓒ。残りはチーズテリーヌ生地に加えるためにとっておく。

〚 チーズテリーヌ生地を作る 〛

5. クリームチーズにグラニュー糖を加えて泡立て器で混ぜ、コーンスターチ、4の残りを加えて混ぜる。
6. 5に卵、生クリームを加えてその都度混ぜ、型に流す ⓓ。トントンと数回落として空気を抜き、160℃のオーブンで30分、その後140℃に下げて10分、湯煎焼きする ⓔ。
7. 粗熱がとれたら冷蔵庫で5時間以上冷やしてから切り分ける。

ⓐ 少しずつ加えて混ぜることで、なめらかなペーストになります

ⓑ 絞り袋を使うとより隙間なく流し込めますが、なければスプーンで

ⓒ ラップを落とし、手のひらで平らになるように整えます

ⓓ 1対1の割合になるように、均等にチーズテリーヌも流し込んで

ⓔ 1cmの熱湯を張ったバットの中に型を入れて焼きます

おもてなしスイーツ

チョコバナナのスコップケーキ

冷蔵で **2**日

器の中に重ねていくだけのスコップケーキは、簡単なのに映えて助かる！
取り分けもしやすく、ホームパーティにぴったり。

【材料】 17×12cmの耐熱皿1台分
【生地】
卵 〰 2個
グラニュー糖 〰 70g
バター 〰 10g
A | 薄力粉 〰 45g
　　 | ココアパウダー 〰 10g
【チョコクリーム】
生クリーム 〰 150㎖
チョコレート 〰 50g
【仕上げ】
バナナ 〰 1本
チョコレート 〰 適量
ミント 〰 適量(あれば)

【下準備】
・バターを電子レンジで溶けるまで加熱し、溶かしバターを作る。
・**A**をふるう。
・耐熱皿にクッキングシートを敷く。
・オーブンを170℃に予熱する。

【作り方】
〚 生地を作る 〛
1 卵にグラニュー糖を加え、湯煎にかけながらハンドミキサーで5～10分泡立てるⓐ。
2 もったりとしたら湯煎からはずし**A**を加え、ゴムベラで粉気がなくなるまで混ぜる。
3 2に溶かしバターを加え、下から上へ生地を持ち上げるように混ぜるⓑ。
4 3を耐熱皿に流し、170℃のオーブンで15分焼く。

〚 チョコクリームを作る 〛
5 生クリーム100㎖をハンドミキサーで6分立て(⇒p.13)にする。
6 湯煎で溶かしたチョコレートに、残りの生クリーム50㎖を弱火で温めてから加えてやさしく混ぜ、ガナッシュにする(⇒p.106)。人肌程度まで冷ましてから5を加えてハンドミキサーで9分立て(⇒p.13)に泡立てる。

〚 仕上げる 〛
7 スポンジ生地を横半分にスライスしⓒ、1枚を耐熱皿の底に敷く。
8 チョコクリーム、スライスしたバナナ、チョコクリームの順に重ねてⓓ、もう1枚のスポンジをのせ、再びチョコクリームを適量飾る。冷蔵庫で1時間ほど冷やし、味をなじませたら、仕上げにスライスしたバナナ、割ったチョコレートとミントを好みで飾る。

memo 耐熱皿のサイズは多少前後してもOKです。

ミキサーを持ち上げ8の字を描いたとき、生地の跡が残るくらいに

溶かしバターがほんのり温かいうちに素早く混ぜ込みます

刃がギザギザのケーキナイフを使うと切りやすいです

クリームとバナナの量はお好みで。たっぷりがおいしい！

スクエアショートケーキ

Part three 16

冷蔵で当日中

かわいい！と盛り上がる、韓国カフェみたいなスクエア型のショートケーキ。
実はパウンドケーキ型で簡単！
やさしい甘さのホイップで、何個でもいけちゃいそうです。

【材料】 パウンドケーキ型(⇒p.14)1台分

【生地】
卵 〜 2個
グラニュー糖 〜 60g
薄力粉 〜 60g
バター 〜 15g

【ホイップクリーム】
生クリーム 〜 200mℓ
グラニュー糖 〜 20g

【仕上げ】
いちご 〜 8〜10個(好みで)

【下準備】
・薄力粉をふるう。
・バターを電子レンジで溶けるまで加熱し、溶かしバターを作る。
・型にクッキングシートを敷く(⇒p.12)。
・オーブンを160℃に予熱する。

【作り方】

〚 生地を作る 〛

1 卵にグラニュー糖を加え、湯煎にかけながらハンドミキサーで5〜10分泡立てるⓐ。

2 もったりとしたら湯煎からはずし薄力粉を加え、ゴムベラで粉気がなくなるまで混ぜる。

3 2に溶かしバターを加え、下から上へ生地を持ち上げるように混ぜるⓑ。

4 型に流し、160℃のオーブンで20〜30分焼く。竹串を刺して生地がついてこなければOK。

〚 ホイップクリームを作る 〛

5 生クリームとグラニュー糖をハンドミキサーで9分立て(⇒p.13)にする。

〚 仕上げる 〛

6 スポンジ生地を3等分にスライスしⓒ、1枚の生地に5を塗り、スライスしたいちごを並べてⓓ、上に2枚目の生地をのせる。この作業をもう1度くり返す。

7 仕上げに残りの生クリームを表面に塗り、ゴムベラやパレットナイフでなめらかに整える。

8 好みの大きさに切り分けⓔ、いちごをのせる。

ⓐ ミキサーを持ち上げ8の字を描いたとき、生地の跡が残るくらいに

ⓑ 溶かしバターがほんのり温かいうちに素早く混ぜ込みます

ⓒ スポンジ生地を横に倒し、ケーキナイフを使うと切りやすいです

ⓓ クリームは薄めに塗るほうがサンドしやすく、きれいに仕上がります

ⓔ 温めたケーキナイフを使うと断面がきれいに切れます

おもてなしスイーツ

column 06

＼チョコのお菓子も失敗しらず！／
きほんのガナッシュの作り方

この本でたびたび登場する「ガナッシュ」は、チョコレート菓子のきほん。トリュフからケーキまで、これが上手に作れたら、完成度が上がります。初めてでも失敗しない、一番簡単な作り方をご紹介！

［材料］作りやすい分量
チョコレート 〜 100g
生クリーム 〜 100ml

1. チョコを湯煎で半分まで溶かす

チョコをボウルに入れ、60℃程度の湯煎にあてて溶かします。写真のように、半分くらい溶けてくるまでが目安です！

2. 生クリームは、沸かない程度に温める

1と同時進行で、生クリームを中火にかけて温めます。写真のようにふちがふつふつする程度まで、沸騰させすぎないのがポイントです。

3. 生クリームを一気にチョコに加える

温めた生クリームをチョコのボウルへ。一度に加えてOKです。

4. 中央をぐるぐるとかき混ぜる

ボウルの中心にゴムベラをおき、ぐるぐると動かしながらチョコを溶かしていきます。全体を混ぜずに、中心だけを混ぜ続けるのがコツ。

5. 泡を立てないようにやさしく混ぜて

泡や飛沫がたたないように、やさしく中心を混ぜ続けます。次第に生クリームとチョコが混ざり、茶色くなっていきます。

6. なめらかになったら完成！

均一に混ざったらできあがり。完成直後はさらさらの状態ですが、しばらく常温におくともったりして扱いやすくなります。

memo ポイントは3のタイミングで、チョコと生クリームが冷たくなっていないこと。湯煎したチョコ、生クリームが温かいうちに合わせられれば、失敗することはまずありません。

part four

第 4 章
組み合わせを楽しむスイーツ

レモンとはちみつ、桃とダージリン、かぼちゃとラズベリー……
王道のスイーツも、素材の組み合わせでぐっと楽しく、新しく。
手軽に作れるけど、他にないおしゃれな見た目。それだけじゃなく
おいしすぎる！　味も心から推せる自信作を詰め込みました。

Part four 01 レモンとはちみつのバスクチーズケーキ

冷蔵で **2**日

混ぜて焼くだけ、大人気のとろけるバスクにさわやかなレモンをしのばせて。
砂糖の代わりに加えたはちみつで、まろやかさもアップ。
甘酸っぱくてきゅんとする味です。

[材料] 15cm丸型(⇒p.14)1台分

【生地】
クリームチーズ〜300g
コーンスターチ〜5g
はちみつ〜90g
レモン汁〜30ml
卵〜3個
生クリーム〜200ml

【仕上げ】
生クリーム〜100ml
グラニュー糖〜6g
レモン〜適量
タイムなどのハーブ
　〜適量(好みで)

[下準備]
・クリームチーズは室温に戻す。
・型にクッキングシートを敷く ⓐ。
・オーブンを240℃に予熱する。

[作り方]

〚 生地を作る 〛

1 クリームチーズとコーンスターチを泡立て器で混ぜ、はちみつを加えて混ぜる。
2 1にレモン汁、溶いた卵を数回に分けて加えてその都度混ぜ、生クリームを加えて混ぜる。
3 型に流し込み、240℃のオーブンで25分焼く。粗熱がとれたら冷蔵庫に入れ、8時間以上冷やす。

〚 仕上げる 〛

4 生クリームとグラニュー糖をハンドミキサーで9分立て(⇒p.13)にし、絞り袋に入れる。
5 3の上に絞り、好みでスライスしたレモンとハーブを飾る。

memo 焼き上がりが焦茶色〜黒色なのがバスクチーズケーキの特徴。焼き立ては中がとろとろですが、冷やすことで固まっていきます。

ⓐ 水に濡らしたクッキングシートをくしゃくしゃにし、開いて敷く

組み合わせを楽しむスイーツ

Part four 02
黒ごまときなこのバスクチーズケーキ

冷蔵で **2日**

黒ごまペーストをたっぷり入れた生地は、コクがあってクリーミー。
軽やかで香ばしいきなこホイップとも相性抜群です。
めずらしい色合いが写真でも映える！

[材料] 15cm丸型(⇒p.14)1台分

【生地】
クリームチーズ 〜 200g
グラニュー糖 〜 80g
コーンスターチ 〜 5g
黒ごまペースト 〜 80g
卵 〜 2個
生クリーム 〜 200ml

【きなこホイップ】
きなこ 〜 15g
生クリーム 〜 200ml
グラニュー糖 〜 10g

【仕上げ】
ビスケット 〜 適量

[下準備]
・クリームチーズは室温に戻す。
・型にクッキングシートを敷く ⓐ。
・オーブンを240℃に予熱する。

[作り方]

〚 生地を作る 〛

1 クリームチーズとグラニュー糖を泡立て器で混ぜ、コーンスターチを加えて混ぜる。

2 1に黒ごまペースト、溶いた卵を数回に分けて加えてその都度混ぜ、生クリームを加えて混ぜる。

3 2を型に流し込み、240℃のオーブンで24分焼く。粗熱がとれたら冷蔵庫に入れ、8時間以上冷やす。

〚 きなこホイップを作る 〛

4 きなこに生クリームの1/3量とグラニュー糖を加えてゴムベラで練り、ペースト状にする ⓑ。

5 残りの生クリームを加え、ハンドミキサーでホイップ状に泡立てる ⓒ。

〚 仕上げる 〛

6 5をパレットナイフやゴムベラで3の上にのせ、均等にならす ⓓ。

7 好みで砕いたビスケットを上に飾る。

memo 焼き立てはまだ中がとろとろですが、冷やすことで固まっていきます。

水に濡らしたクッキングシートをくしゃくしゃにし、開いて敷く

先に少量の生クリームを混ぜることで、きなこがなじみます

9分立て(⇒p.13)くらいの固さにすると塗りやすいです

ケーキを回しながら塗るときれいに仕上がります

組み合わせを楽しむスイーツ

Part four 03

ブルーベリークランブルチーズケーキ

冷蔵で 2日

じゃりっとしたクランブルに、ほどよい酸味のブルーベリー。
どこを食べても味や食感が楽しめるような、食べ飽きないケーキです。
とろとろ加減も絶妙！

[材料] 15cm丸型(⇒p.14)1台分
【クランブル】
バター〜30g
グラニュー糖〜30g
薄力粉〜30g
アーモンドパウダー〜30g
【ボトム】
ビスケット〜80g
バター〜40g
【生地】
クリームチーズ〜200g
グラニュー糖〜80g
薄力粉〜10g
卵〜2個
生クリーム〜150㎖
冷凍ブルーベリー〜100g
【仕上げ】
粉糖(なかないタイプ)〜少々

[下準備]
・クランブル用のバターは室温に戻す。
・ボトム用のバターを電子レンジで溶けるまで加熱し、溶かしバターを作る。
・クリームチーズは室温に戻す。
・型にクッキングシートを敷く(⇒p.12)。
・オーブンを180℃に予熱する。

[作り方]
〚 クランブルを作る 〛
1 バターとグラニュー糖を泡立て器ですり混ぜ、薄力粉とアーモンドパウダーを入れて手で混ぜ、そぼろ状にしてⓐ、冷蔵庫で冷やす。
〚 ボトムを作る(⇒p.12) 〛
2 ビスケットを細かく砕き、溶かしバターを加えてまとめ、型の底に敷き詰める。
〚 生地を作る 〛
3 クリームチーズにグラニュー糖を加えて泡立て器で混ぜ、薄力粉も加えて混ぜる。
4 3に溶いた卵を数回に分けて加え、その都度混ぜ、最後に生クリームを入れて混ぜる。
5 型に生地を半量流し、ブルーベリーの1/3量を入れ、残りの生地を流し入れる。上にブルーベリーの1/3量とクランブルの半量をのせるⓑ。
6 180℃のオーブンで10分焼き、一度取り出して、残りのブルーベリーとクランブルを上にのせⓒ、さらに30分焼く。
7 粗熱がとれたら冷蔵庫で8時間以上冷やす。
〚 仕上げる 〛
8 好みで粉糖をかける。

memo 焼き立てはまだ中がとろとろですが、冷やすことで固まっていきます。

ⓐ 指先でバターと粉類を擦りあわせるようにします

ⓑ 焼くうちにブルーベリーは中に沈み、クランブルはじゃりっと溶けます

ⓒ 生地がある程度焼き固まってから残りをのせると、焼き上がりの見た目がきれいです

組み合わせを楽しむスイーツ

Part four 04
桃とダージリンのチーズムース

冷蔵で 当日中

紅茶香るふんわりチーズムースとぷるぷるの桃ゼリーの組み合わせが、語彙力なくすほどおいしい！ 2層の見た目がかわいい贅沢なデザートは、見た目に反してとても簡単！

材料　パウンドケーキ型(⇒p.14)1台分

【ボトム】
ビスケット 〜 80g
バター 〜 40g

【チーズムース】
クリームチーズ 〜 200g
グラニュー糖 〜 80g
サワークリーム 〜 90g
A｜粉ゼラチン 〜 5g
　｜牛乳 〜 50ml
生クリーム 〜 200ml
ダージリン茶葉 〜 2g (ティーバッグ1袋)

【桃ゼリー】
お湯 〜 100ml
グラニュー糖 〜 30g
粉ゼラチン 〜 5g
桃 〜 大1個

【仕上げ】
タイムなどのハーブ 〜 少々 (好みで)

下準備

・バターを電子レンジで溶けるまで加熱し、溶かしバターを作る。
・クリームチーズは室温に戻す。
・生クリームはハンドミキサーで6分立て(⇒p.13)にする。
・Aは混ぜ合わせて電子レンジで20秒加熱し、粉ゼラチンを溶かす。
・型にクッキングシートを敷く(⇒p.12)。

作り方

〖 ボトムを作る(⇒p.12) 〗

1 ビスケットを細かく砕き、溶かしバターを加えてまとめ、型の底に敷き詰める。

〖 チーズムースを作る 〗

2 クリームチーズにグラニュー糖とサワークリームを加え、泡立て器でよく混ぜる。

3 2にAと6分立ての生クリーム、ダージリン茶葉を加えて泡立て器でふんわり混ぜるⓐ。

4 絞り袋に入れて型に絞り入れⓑ、冷蔵庫で4時間以上冷やす。

〖 桃ゼリーを作る 〗

5 沸騰したお湯にグラニュー糖と粉ゼラチンを加えて溶かし、冷ます。

6 桃は皮をむいて2cm大の角切りにする。

7 冷やした4に桃を敷き詰めて、上から5を注ぐⓒ。

8 冷蔵庫で4〜5時間、ゼラチンが固まるまで冷やす。お好みでハーブを添える。

memo 茶葉が大きい場合は、フードプロセッサーなどで細かくして使うとなめらかな仕上がりに。

ⓐ 生クリームの泡が潰れないよう、ふんわり混ぜて

ⓑ 絞り袋を使うときっちり詰まりますが、なければゴムベラでも

ⓒ 桃が動かないよう、そっと流し込みます

組み合わせを楽しむスイーツ

Part four 05
かぼちゃの生ドーナツ

常温で
当日中

流行りのドーナツを再現！ さらに普通に作るよりも半分以下の時間で
できるように考え抜いた、パティシエ人生の中でも渾身のレシピ。
かぼちゃを使うのが、もっちり生食感の鍵なんです。

【材料】10個分
【ラズベリークリーム】
生クリーム — 150㎖
グラニュー糖 — 8g
ラズベリーピューレ — 15g
【生地】
A　強力粉 — 270g
　　きび砂糖 — 50g
　　塩 — 4g
　　インスタントドライイースト — 5g
B　卵黄 — 2個分
　　牛乳 — 140㎖
かぼちゃ — 60g（正味）
バター — 60g
【仕上げ】
きび砂糖 — 適量

【下準備】
・Bを混ぜ合わせておく。
・かぼちゃは皮と種をとり、ひとくち大に切って電子レンジで5分加熱し、熱いうちにマッシュする。
・バターは室温に戻す。
・天板にクッキングシートを敷く。
・ドーナツひとつひとつをのせるためのクッキングシート（耐熱のもの）を切り分けておく。

【作り方】
〚 ラズベリークリームを作る 〛
1. 生クリームとグラニュー糖をハンドミキサーで9分立て（⇒ p.13）にする。
2. 1とラズベリーピューレを泡立て器で混ぜ合わせ、絞り袋に入れて冷蔵庫で冷やす。

〚 生地を作る 〛
3. ボウルにAを入れ、混ぜ合わせたBを加えてゴムベラでまとめる。
4. 3に冷ましたかぼちゃを加え、手で練り込む。
5. 生地の表面にハリが出てくるまで、ボウルの中でしっかりこねる。
6. こねやすい台の上に5を移し、バターを加え、なじむまでよくこねるⓐ。
7. 生地を引っ張ると薄い膜ができるⓑくらいまでこねたら、油を塗ったボウルに丸めて入れ、電子レンジの発酵機能で30℃40分（なければ温かい室内で約3時間）、生地が2倍程度に膨らむまで1次発酵する。
8. 粉をつけた指を生地に刺し、空いた穴が戻ってこなければ発酵完了。生地全体を手のひらで軽く押してガスを抜き、カードやナイフで10等分にする。
9. 生地をそれぞれ丸め、うち半分はさらにリング型にして、カットしたクッキングシートの上に並べる。電子レンジの発酵機能で30℃40分（なければ温かい室内で約3時間）、生地がひと回り大きくなるまで2次発酵する。
10. 170℃に熱したたっぷりの油で、クッキングシートにのせたままドーナツを入れる。片面2〜3分ずつ、こんがりきつね色になるまで揚げる。

〚 仕上げる 〛
11. リング型には熱いうちにきび砂糖をまぶす。
12. 丸型は粗熱がとれたら側面に菜箸を刺し、先端をぐるぐる動かして空洞を作り、ラズベリークリームを絞り入れる。

ⓐ 一度ぐちゃぐちゃに分離しますが、こね続けるとまとまってきます

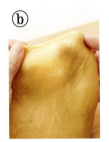
ⓑ 写真のように薄い膜ができるまでこねると、もっちりした食感に

組み合わせを楽しむスイーツ 117

Part four 06
ピスタチオとホワイトチョコレートのショコラテリーヌ

冷蔵で **2日**

たっぷりのピスタチオペースト、ホワイトチョコレート、
生クリームを合わせた贅沢すぎる本格テリーヌ。
切り分けて少しずつ食べたい、満足感たっぷりの味。

【材料】パウンドケーキ型(⇒p.14)1台分
【生地】
ホワイトチョコレート〜180g
生クリーム〜100㎖
ピスタチオペースト〜100g
グラニュー糖〜20g
バター〜20g
卵〜2個

【下準備】
・バターを電子レンジで溶けるまで加熱し、溶かしバターを作る。
・型にクッキングシートを敷く(⇒p.12)。
・オーブンを150℃に予熱する。

【作り方】
1 湯煎で溶かしたホワイトチョコレートに、弱火で温めた生クリームを加えて混ぜ、ガナッシュを作る(⇒p.106)。
2 1にピスタチオペースト、グラニュー糖、溶かしバター、溶いた卵を加え、ゴムベラでその都度よく混ぜるⓐ。
3 型に流し、150℃のオーブンで50分湯煎焼きをするⓑ。
4 粗熱がとれたら冷蔵庫で8時間以上冷やす。

気泡ができないよう、ゆっくり丁寧にかき混ぜます

これでしっとり食感に。型をバットに入れ、1cmの熱湯を張ります

組み合わせを楽しむスイーツ 119

_{Part four 07} ほうじ茶と和栗のモンブランタルト

パティスリーにあるようなモンブランタルトをおうちでも。
ほうじ茶たっぷり、ひとくち食べると香りで満たされます。

冷蔵で
当日中

📋 **材料** 18cmタルト型(⇒p.14)1台分

【アーモンドクリーム】
バター 〰 80g
グラニュー糖 〰 80g
塩 〰 1g
卵 〰 80g (Sサイズ約2個分)
A | 薄力粉 〰 10g
　　 | アーモンドプードル 〰 80g
　　 | ほうじ茶葉 〰 2g (ティーバッグ1袋)

【タルト生地】
バター 〰 50g
粉糖 〰 25g
塩 〰 1g
卵 〰 20g (½個分)
B | 薄力粉 〰 120g
　　 | ほうじ茶葉 〰 2g (ティーバッグ1袋)

【モンブランクリーム】
生クリーム 〰 50ml
マロンクリーム 〰 250g
ラム酒 〰 10ml (あれば)

【ほうじ茶ホイップ】
生クリーム 〰 200ml
ほうじ茶葉 〰 6g (ティーバッグ3袋)
グラニュー糖 〰 15g

【仕上げ】
栗の渋皮煮 〰 10粒(200g)〜好みの量
粉糖(なかないタイプ)、ほうじ茶葉 〰 適量

📋 **下準備**
・アーモンドクリーム、タルト生地のバターをそれぞれ室温に戻す。
・AとBをそれぞれふるう。
・型に溶かしバター(分量外)または油(分量外)を塗る。
・オーブンを170℃に予熱する。

📋 **作り方**

〚 アーモンドクリームを作る 〛

1 バターにグラニュー糖と塩を加え、白っぽくなるまで泡立て器ですり混ぜる。

2 1に溶いた卵を2回に分けて加え混ぜ、Aを加えてゴムベラで混ぜる。冷蔵庫で3時間以上冷やす。

〚 タルト生地を作る 〛

3 バターに粉糖、塩を加えて泡立て器で混ぜ、溶いた卵を加えて混ぜる。

4 3にBを加えてゴムベラで切るように混ぜ、生地をまとめてクッキングシートで挟んでめん棒で3mm厚さに伸ばしⓐ、冷蔵庫で1時間冷やす。

5 型に4を敷き詰め、はみ出た部分を手で押すようにしてカットしⓑ、底面にフォークで数箇所穴を開ける。

6 5に2を流し込んで平らにならし、170℃のオーブンで35分、取り出してアルミホイルをかぶせ、さらに15分焼き、冷ます。

〚 モンブランクリームを作る 〛

7 生クリームをハンドミキサーで9分立て(⇒p.13)にする。

8 マロンクリーム、ラム酒を加え、泡立て器で混ぜ合わせ、絞り袋に入れる。

〚 ほうじ茶ホイップを作る 〛

9 材料すべてを合わせ、ハンドミキサーで9分立てにする。

〚 仕上げる 〛

10 6にほうじ茶ホイップを塗り、栗の渋皮煮を丸ごと中央にのせⓒ、好みで刻んだ栗ものせ、再びほうじ茶ホイップを塗ってドーム型に整えるⓓ。

11 モンブランクリームをモンブラン用の口金で、外から内に向かって円を描くように絞っていくⓔ。仕上げに好みで刻んだ栗を並べ、粉糖と茶葉をふりかける。

memo 濃厚なので、生クリームは脂肪分30%台を選ぶとバランスがいいです。

ⓐ クッキングシートで挟むと、べたつかず伸ばしやすいです

ⓑ 手で押しながら、隙間なく敷き詰めて

ⓒ 栗の量はお好みで。均等に散らすと、カットした時の断面がきれい

ⓓ パレットナイフやゴムベラを使ってまるく整えます

ⓔ 口金はあればでOK。使うとより本格的な見た目になります

組み合わせを楽しむスイーツ

Part four 08
抹茶とマスカルポーネのロールケーキ

冷蔵で 当日中

ほろ苦い抹茶の味をしっかり感じるふわもち生地に、
ミルキーなマスカルポーネを合わせて。
甘すぎない仕上がりが大人向け、後を引くおいしさです。

材料 25×35cmの天板1台分

【生地】
卵白 〜 4個分
グラニュー糖 〜 40g
卵黄 〜 4個分
グラニュー糖 〜 30g
油 〜 30g
牛乳 〜 45㎖
A｜薄力粉 〜 70g
　｜抹茶パウダー 〜 12g

【マスカルポーネクリーム】
生クリーム 〜 150㎖
マスカルポーネ 〜 100g
グラニュー糖 〜 15g

【仕上げ】
生クリーム、抹茶パウダー 〜 適量(好みで)

下準備
・Aをふるう。
・天板に、ふちの部分までかかるようにクッキングシートを敷く。
・オーブンを190℃に予熱する。

作り方

[[生地を作る]]

1 卵白にグラニュー糖を3回に分けて加え、その都度ハンドミキサーで泡立てて、しっかり固いメレンゲを作るⓐ。
2 別のボウルに卵黄を入れ、グラニュー糖、油、牛乳、Aを順に加えて泡立て器でその都度混ぜる。
3 2に1を3回に分けて入れ、その都度ゴムベラで混ぜるⓑ。
4 天板に流し、表面をカードやゴムベラで平らにならしてⓒ、190℃のオーブンで12分焼き、しっかり冷ます。

[[マスカルポーネクリームを作る]]

5 材料すべてを合わせ、ハンドミキサーで9分立て(⇒p.13)にする。

[[仕上げる]]

6 4に5のクリームを塗りⓓ、巻いていくⓔ。
7 ラップで包んで冷蔵庫で3時間以上休ませてから切り分ける。仕上げに好みで9分立ての生クリームを絞り、抹茶パウダーをまぶす。

memo 天板は25×35cmを使用しましたが、多少大きさは前後してOK。底面が平らな天板を使うのが、生地がきれいに膨らむコツ。100円ショップなどでも手に入ります！

ⓐ ボウルを傾けても落ちてこないくらいにしっかりしたメレンゲに！

ⓑ はじめに少量のメレンゲを加えて混ぜ、その後、2回に分けて加えます

ⓒ 泡を潰さないよう、やさしくならして

ⓓ クリームは薄めに塗った方が巻きやすいです

ⓔ はじめのひと巻きで芯を作り、そこから一気に巻き上げて

組み合わせを楽しむスイーツ

Part four 09 マンゴーヨーグルトプリン

冷蔵で
1-2日

冷凍マンゴーを使った簡単プリンに、さわやかなヨーグルトをプラス。
つるんとした喉越しが心地よく、食後のデザートにもおすすめ。
淡い色合いもかわいい！

材料　直径8cm×高さ6cmのグラス3個分

【生地】
A│冷凍マンゴー 〰 200g
　│牛乳 〰 100㎖
グラニュー糖 〰 30g
粉ゼラチン 〰 5g
ヨーグルト 〰 30g
生クリーム 〰 100㎖

【仕上げ】
冷凍マンゴー、生クリーム、ココナッツファイン
　〰 適量(好みで)

下準備
・冷凍マンゴーは解凍し粗くつぶす。
・生クリームをハンドミキサーで6分立て(⇒ p.13)にする。

作り方

〚 生地を作る 〛

1　小鍋にAを入れ、沸騰する手前まで温めたら、グラニュー糖と粉ゼラチンを加えて溶かす。

2　火を止めて粗熱がとれたらヨーグルトを加え、泡立て器で混ぜ、人肌程度(約40℃)になるまで冷ます。

3　6分立ての生クリームを加えて混ぜ、グラスに等分に流し、冷蔵庫で3時間以上冷やす。

〚 仕上げる 〛

4　好みで解凍したマンゴーと6分立てにした生クリーム、ココナッツファインをのせる。

組み合わせを楽しむスイーツ

Partour 10 チェリーとショコラのフォレノワール

冷蔵で当日中

フランス語で「黒い森」を表す、華やかな本格ケーキ。
2種類のホイップにチェリーが合わさった、至高の一品です！

【材料】 23cm四方のスクエア型(⇒p.14) 1台分

【生地】
卵 〜 3個
グラニュー糖 〜 90g
バター 〜 20g
A│薄力粉 〜 80g
 │ココアパウダー 〜 10g

【チョコクリーム】
生クリーム 〜 200ml
チョコレート 〜 100g

【シロップ】
グラニュー糖 〜 20g
水 〜 40ml
キルシュ（好みで）〜 20ml

【仕上げ】
生クリーム 〜 100ml
グラニュー糖 〜 6g
アメリカンチェリー（缶詰または生）〜 300g
チョコレート 〜 少々

【下準備】
・バターを電子レンジで加熱し、溶かす。
・Aをふるう。
・シロップ用のグラニュー糖と水を電子レンジで加熱し、グラニュー糖が溶けたらキルシュを混ぜる。
・型にクッキングシートを敷く(⇒p.12)。
・オーブンを170℃に予熱する。

【作り方】

〖 生地を作る 〗

1 卵にグラニュー糖を加え、湯煎にかけながらハンドミキサーで5〜10分泡立てるⓐ。

2 もったりとしたら湯煎からはずしてAを加え、ゴムベラで粉気がなくなるまで混ぜる。

3 2に溶かしバターを加え、下から上へ生地を持ち上げるように混ぜるⓑ。

4 型に流し、170℃のオーブンで15分焼く。

〖 チョコクリームを作る 〗

5 生クリームの半量をハンドミキサーで6分立てにする(⇒p.13)。

6 湯煎で溶かしたチョコレートに弱火で温めた残り半量の生クリームを加えてやさしく混ぜ、ガナッシュにする(⇒p.106)。人肌程度まで冷ましてから5を加えてハンドミキサーで9分立て(⇒p.13)にする。

〖 仕上げる 〗

7 4の生地を2枚にスライスしⓒ、1枚にシロップとチョコクリームを薄く塗る。半分に切ったアメリカンチェリーを隙間なく並べⓓ、その上にチョコクリームを塗り、もう1枚の生地をのせ、上にシロップを塗る。

8 仕上げ用の生クリームとグラニュー糖をハンドミキサーで9分立てにして、ケーキの上面に塗るⓔ。生地の4辺の耳部分を切り落とす。

9 8等分に切り、スプーンで削り取ったチョコレート、8の残りの生クリーム、アメリカンチェリーを好みで飾る。

ミキサーを持ち上げ8の字を描いたとき、生地の跡が残るくらいに

溶かしバターがほんのり温かいうちに素早く混ぜ込みます

刃がギザギザのケーキナイフを使うと切りやすいです

缶詰のチェリーは水気が多いので、余分な水気を切ってからのせて

パレットナイフやゴムベラを使うとなめらかに仕上がります

組み合わせを楽しむスイーツ 127

megu'café
[広瀬めぐみ + 広瀬 涼]

製菓学校卒業後、ホテルでパティシエを経験。現在はカフェに勤務しながら夫婦で日常のお菓子レシピを考案し、SNSやYouTubeへ投稿。カフェのようなクオリティの見た目からは想像できないほどの手軽さ、作りやすさで反響を呼ぶ。初のレシピ本『ふつうの材料だけで作る お店みたいなスイーツレシピ』(小社刊)が『第11回 料理レシピ本大賞 in Japan』〈お菓子部門〉で準大賞を受賞。ベストセラーに。
X：@megucafe02
Instagram：@megu_cafe_02

ふつうの材料だけで作る 新しいおうちカフェスイーツ

2025年2月5日　初版発行

著 者　megu'café (メグカフェ)
発行者　山下 直久
発行　　株式会社KADOKAWA
　　　　〒102-8177　東京都千代田区富士見2-13-3
　　　　電話 0570-002-301 (ナビダイヤル)
印刷所　TOPPANクロレ株式会社
製本所　TOPPANクロレ株式会社

本書の無断複製 (コピー、スキャン、デジタル化等) 並びに無断複製物の譲渡および配信は、著作権法上での例外を除き禁じられています。また、本書を代行業者等の第三者に依頼して複製する行為は、たとえ個人や家庭内での利用であっても一切認められておりません。

●お問い合わせ
https://www.kadokawa.co.jp/ (「お問い合わせ」へお進みください)
※内容によっては、お答えできない場合があります。
※サポートは日本国内のみとさせていただきます。
※Japanese text only

定価はカバーに表示してあります。
©megucafe 2025 Printed in Japan
ISBN 978-4-04-684456-9　C0077